MAQUIAVEL, "O PRÍNCIPE"

e a formação do Estado Moderno

Coleção **Estado e Constituição**

Diretor/Organizador
Jose Luis Bolzan de Morais

Conselho Editorial
Jose Luis Bolzan de Morais
Lenio Luiz Streck
Leonel Severo Rocha
Ingo Wolfgang Sarlet
Jânia Maria Lopes Saldanha

Conselho Consultivo
Andre-Jean Arnaud
Wanda Maria de Lemos Capeller
Michele Carducci
Emilio Santoro
Alfonso de Julios-Campuzano
Jose Manuel Aroso Linhares
Roberto Miccú
Francesco Rubino

Dados Internacionais de Catalogação na Publicação (CIP)

S245m   Sarlet, Ingo Wolfgang.
　　　　 Maquiavel, "O Príncipe" e a formação do estado moderno / Ingo Wolfgang Sarlet. – Porto Alegre : Livraria do Advogado, 2017.
　　　　 111 p. ; 21 cm. – (Estado e Constituição ; 18)
　　　　 Inclui bibliografia.
　　　　 ISBN 978-85-69538-75-2

　　　　 1. Ciência política - Filosofia. 2. Direito - Estado moderno. 3. Maquiavel, Nicolau, 1469-1527. I. Título. II. Série.

　　　　　　　　　　　　　　　　　　　CDU 321.01
　　　　　　　　　　　　　　　　　　　CDD 320.1

Índice para catálogo sistemático:
1. Ciência política : Filosofia　　　321.01

(Bibliotecária responsável: Sabrina Leal Araujo – CRB 10/1507)

Estado e Constituição – 18

INGO WOLFGANG SARLET

MAQUIAVEL, "O PRÍNCIPE"
e a formação do Estado Moderno

Porto Alegre, 2017

©
Ingo Wolfgang Sarlet
2017

Capa, projeto gráfico e diagramação
Livraria do Advogado Editora

Revisão
Rosane Marques Borba

Direitos desta edição reservados por
Livraria do Advogado Editora Ltda.
Rua Riachuelo, 1300
90010-273 Porto Alegre RS
Fone: 0800-51-7522
editora@livrariadoadvogado.com.br
www.doadvogado.com.br

Impresso no Brasil / Printed in Brazil

Notas do direitor / organizador

A Coleção Estado e Constituição chega ao décimo oitavo título. Um marco em termos deste tipo de projeto editorial com caráter acadêmico crítico-reflexivo, contando com a "presença" de nomes fundamentais na cultura jurídico-política contemporânea brasileira e mundial. Nomes de prestígio acadêmico têm disponibilizado seus saberes ao lado de alguns jovens autores.

A oferta destes títulos ao público tem sido possível graças ao apoio e investimento da Livraria do Advogado Editora que, com seu reconhecimento no mercado editorial, tem posto sua marca neste conjunto de trabalhos.

Agora, reúne-se às demais obras e autores o Professor e Magistrado Ingo Wolfgang Sarlet, quem dispensa apresentações àqueles que se dedicam com afinco e seriedade à pesquisa jurídica. Traz, o Prof. Ingo, um trabalho de juventude, como ele mesmo refere, porém onde já se prenuncia o autor referencial que se tornou com o passar do tempo.

Neste texto, Ingo, enfrenta questão fundante e fundamental para os que, como nós e esta Coleção, têm na instituição político-jurídica do Estado seu foco de atenção e reflexão, trazendo as origens e dialogando com aquele que está em suas fundações Niccolò Machiavelli e seu "O Príncipe".

Mesmo com as ressalvas postas por Ingo W. Sarlet, a incorporação deste título ao conjunto de textos que fazem parte da Cololeção Estado e Constituição ajuda a colocar mais alguns "tijolos" na construção do conhecimento necessário para que possamos, como alertava Gilberto Bercovici, entender o Estado Constitucional a partir de uma não fratura entre Teoria do Estado e Teoria da Constituição. Aliás, como o próprio título desta coleção está a indicar.

Estamos felizes por contar com Ingo entre nós e, satisfeitos por, juntamente com a Livraria do Advogado, disponibilizar este seu estudo.

Boa leitura e obrigado pelo prestígio que tem sido dado a todos os títulos aqui reunidos.

Porto Alegre, fevereiro de 2017.

Prof. Dr. Jose Luis Bolzan de Morais

Prof. Dr. Jose Luis Bolzan de Morais
Professor do PPGD/UNISINOS e UIT
Procurador do Estado do Rio Grande do Sul
Diretor/Organizador da Col. Estado e Constituição

Notas preliminares e uma advertência necessária acerca do contexto da redação do texto!

Tendo em conta que também o termo *Estado* convencionalmente se utiliza de modo adjetivado (Gomes Canotilho) não há também nesse domínio como dispensar acordos semânticos prévios, dada a diversidade de significados que se tem atribuído mesmo às versões adjetivadas do Estado. Com efeito, da mesma forma que ocorre em relação ao Estado de Direito, ao Estado Democrático, ao Estado Liberal e ao Estado Social, também a expressão (e conceito) de Estado Moderno não se revela uníssona quanto à sua compreensão.

Assim, para efeitos do texto que ora se republica em forma monográfica, transcorridos mais de vinte anos de sua primeira publicação integral (Revista AJURIS) e mais de trinta anos desde a sua confecção (1984, UNISINOS), a expressão *Estado Moderno*, em termos gerais, é aqui manejada para designar a particular forma de ordenação (ordem) política[1] que, aos poucos e de modo bastante diferenciado de local para local, começa a surgir e se difundir na Europa, em especial a partir do Século XIII (lembrem-se aqui os casos de Portugal depois da reconquista e da Sicília de Frederico II), mas particularmente ao longo dos Séculos XV, XVI e

---

[1] Utilizamos aqui a expressão (ordem política) manejada por FUKUYAMA, Francis. *As Origens da Ordem Política*. Dos tempos pré-humanos até a Revolução Francesa, Trad. Nivaldo Mantingelli Jr., Rio de Janeiro: ROCCO, 2011.

XVII, no sentido de uma organização territorialmente unificada – em geral em torno da noção de Nação (Estado Nacional) – e onde o poder político (e consequentemente a própria concepção de soberania) se fortalece e centraliza, gravitando no mais das vezes em torno da figura de um monarca (ou similar) que exerce o poder de modo "absoluto". Em síntese, o Estado Moderno é a forma de organização política do assim designado Estado Absoluto, embora também aqui não se possa afastar – muito antes pelo contrário – uma considerável dose de diversidade.

Por outro lado, a compreensão não apenas da noção de Estado Moderno, mas também de seu processo de formação e evolução, guarda relação umbilical com o conhecimento e análise da trajetória (história) de tal modo de ordenação política desde as suas origens, mas em especial desde o seu nascedouro propriamente dito, no contexto da superação gradual das estruturas feudais (também altamente diversificadas) da Europa Ocidental na transição da assim chamada alta Idade Média para a Idade Moderna. Ademais disso, a concepção (dinâmica) do Estado como tal (mas das formas de ordem política em geral) tem sido objeto de amplo estudo e reflexão na esfera da teoria política, estudo que, por sua vez, em maior ou menor medida, teve reflexo real na estruturação gradual e diferenciada do Estado Moderno e no modo de exercício do Poder Político pelos seus titulares.

É nesse contexto que, dentre diversos autores de renome que se dedicaram ao Estudo, descritivo, mas também crítico-reflexivo de tal fenômeno (da formação do Estado Moderno), a figura de Nicolau Maquiavel (Niccolo Machiavelli) segue ocupando um lugar de destaque na galeria de estudiosos, inclusive pela repercussão concreta (mas raras vezes assumida) de suas ideias. Sua importância – o que será justamente um dos aspectos nucleares da presente monografia – reside não apenas no fato de, ao que se sabe, ter sido o primeiro a usar o termo *Estado* referido a uma particular forma de ordem política, mas também pela importância de sua obra para a compreensão de seu contexto, estrutura e modo de expressão e exercício do poder.

Nessa perspectiva, calha retomar a lição de Jacob Burckhardt, ao sustentar que o Estado assume, na Itália do período final do Medievo e durante o Renascimento e início da Idade Moderna, a condição de uma criação consciente e calculada, como se fosse uma verdadeira obra de arte, isso tanto nas Repúblicas quanto nos Estados de natureza despótica, aqui representados pela Sicília de Frederico II, já referida (onde ocorreu uma centralização política e administrativa do poder)[2], e, posteriormente, por outras organizações políticas similares, a exemplo de Veneza e Florença, ainda que se trate – ousamos afirmar – mais propriamente de Cidades-Estado à feição de Roma e Atenas, muito embora, de acordo com a análise do mesmo autor, Florença possa ser considerada o primeiro Estado Moderno do Mundo[3].

No que diz respeito a Maquiavel, personagem que vivenciou plenamente o ambiente fecundo da Renascença italiana e a transição para a Idade Moderna, vale lembrar que o mesmo produziu uma obra política, histórica e literária vasta e diferenciada (bastaria citar aqui, além de *O Príncipe*, de 1513, os *Discursos sobre a Primeira Década de Tito Lívio*, 1517 e publicada em 1531, *A Arte da Guerra*, de 1521, e a conhecida peça teatral *A Mandrágora*, de 1518), cuja análise e apreciação global não se buscou fazer no texto que ora se republica. Pelo contrário, a presente monografia tem um alcance muito mais modesto, objetivando apenas contextualizar e relacionar entre si tanto a dinâmica da evolução histórico-concreta da figura do Estado Moderno, quanto a evolução da noção de Estado no campo do pensamento

---

[2] Cf. BURCKHARDT, Jacob. *O Estado como Obra de Arte*. São Paulo: Companhia das Letras, 2012, p. 7.

[3] Idem, p. 74.

político com o pensamento de Maquiavel na sua obra mais conhecida e difundida, *O Príncipe*, inspirado na controversa figura de César Bórgia e dedicado a Lourenço de Médici, visto ser nesse texto que Maquiavel esboçou a sua teoria de um Estado como unidade de poder, cujo governo há de ser mantido a "qualquer custo".

Foi justamente com *O Príncipe* que Machiavel alcançou simultaneamente seu maior sucesso e divulgação, mas também a sua má-fama como defensor da lógica de que os fins justificam os meios (ainda que os fins sejam a conquista e manutenção do poder), levando a afirmação de expressões e juízos de valor (adjetivações) de cunho pejorativo, como maquiavelismo, maquiavélico, entre outras. Por outro lado, ainda que considerada por setores expressivos do pensamento político como sendo um livro de caráter eminentemente técnico (entre outros, Ernst Cassirer), não há como desconsiderar que o objetivo de Maquiavel com a redação da obra era o de recuperar o prestígio que já tivera junto aos detentores do poder em Florença, em particular da família dos Médicis, buscando em suma demonstrar o quanto seu conhecimento e experiência eram indispensáveis.[4] De todo modo, ambas as coisas não nos parecem inconciliáveis, pois o fato de se tratar de um escrito oportunista não afasta o seu caráter técnico, ademais de mesmo explica-lo e permitir a diferenciação do contexto e mesmo do conteúdo de outras obras do pensador, diplomata e conselheiro florentino.

Mas, conforme já sinalizado, é preciso também situar a presente obra e seu autor no contexto e nas circunstâncias de sua criação. Com efeito, trata-se de trabalho apresentado originalmente como monografia de conclusão do Curso de Bacharelado em Ciências Jurídicas da

---

[4] Aqui vale referir a curta mas referencial obra de SKINNER, Quentin. *Macchiavelli A Very Short Introduction*. Oxford: Oxford University Press, 2000, em especial p. 23 e ss.

Universidade do Vale do Rio dos Sinos (UNISINOS), em 1984, sob a orientação do Professor Doutor (então ainda Mestre) ANTONIO CARLOS WOLKMER, atualmente Titular da Universidade Federal de Santa Catarina (UFSC) e que ora nos brinda com o seu prefácio.

A pesquisa e a redação do trabalho ocorreram substancialmente entre o segundo semestre de 1983 e o primeiro semestre de 1984, quando o autor contava entre 20 e 21 anos de idade, tratando-se, além disso, de seu primeiro trabalho em forma de monografia, tendo sido defendido perante banca examinadora composta por três docentes e auferido a nota de aprovação com distinção.

É preciso destacar, portanto, que o texto mereceria certamente uma parcial reformulação, ademais de uma atualização e complementação bibliográfica, não desconhecendo o autor a existência de uma série de publicações importantes (em especial em língua estrangeira) que acabaram não sendo objeto de consideração por ocasião da redação do presente trabalho, o que também se aplica a alguns textos referenciais publicados posteriormente, nos últimos trinta anos[5]. Da mesma forma se está ciente de que diversos aspectos do pensamento de Maquiavel não (ou pelo menos não explicitamente) foram considerados, como é o caso da complexa e cada vez mais atual relação entre a moral e a política.

De todo modo, levando em conta as sugestões, algumas já feitas na época, no sentido da publicação – na forma monográfica – do texto e advertido o leitor do respectivo contexto e de se tratar de certo modo juvenil (o que evidentemente não escusa algum equívoco no qual possamos ter incorrido), pensamos que ainda assim o trabalho poderá contribuir para a compreensão das relações entre a evolução histórica e na esfera do

---

[5] A listagem bibliográfica inclui texto referencial do ilustre prefaciador: WOLKMER, Antonio Carlos (org.). O Pensamento Político Medieval: Santo Agostinho e Santo Tomás de Aquino. In: *Introdução à História do Pensamento Político*. Rio de Janeiro: Renovar, 2003, p. 39/66.

pensamento filosófico do assim chamado Estado Moderno e a obra *O Príncipe*, de Maquiavel, ao menos, contudo, na condição de um texto introdutório, ademais de remeter a alguma literatura sobre o tema e estimular um aprofundamento dos estudos.

Por fim, quanto aos aspectos formais, foi mantida a versão original, passando o texto apenas por uma nova revisão pela equipe da Editora. Ademais disso, o texto – o que também se explica pela época de sua redação e pelo fato de se tratar de trabalho de conclusão de curso de graduação em Direito – assume caráter predominantemente descritivo e recorre muito à citações, o que também esperamos seja objeto de compreensão do leitor.

Dito isso, agradecemos à Livraria do Advogado Editora, nas pessoas do Walter e do Valmor, assim como ao colega e amigo Prof. Dr. Jose Luis Bolzan de Morais, coordenador da prestigiada coleção Estado e Constituição, na qual ora se publica o texto, pela receptividade amiga e confiança. Ao público leitor, agradecemos pela paciência com eventual contenção juvenil e mesmo eventual singeleza da abordagem.

Porto Alegre, janeiro de 2017.

Ingo Wolfgang Sarlet
Professor Titular da PUCRS e Desembargador do TJRS

Prefácio

Ainda que se privilegie como marco referencial para os estudos político-jurídicos e culturais de uma época, o modo de vida material e as formas de representação social, não menos significativo é o papel de determinados pensadores clássicos enquanto desbravadores e criadores de paradigmas norteadores para o avanço da sociedade e para a estruturação do modelo de poder político na Modernidade.

Certamente, as ideias e as obras consagradas de autores como o italiano Nicolau Maquiavel tornaram-se reconhecidas universalmente e fontes obrigatórias na formação do modelo de Estado Moderno Ocidental.

Ora, "Maquiavel, 'O Príncipe' e a Formação do Estado Moderno", do consagrado Professor e Magistrado Ingo W. Sarlet, revela-se preciosa e didática introdução a um dos principais teóricos do pensamento político e da construção do Estado nacional secularizado.

A obra que temos a honra de prefaciar nasceu de antigas discussões e pesquisas, desenvolvidas há mais de três décadas na Universidade do Vale do Rio dos Sinos – UNISINOS – (em que tivemos a rica experiência de acompanhar o autor na orientação) de trabalho de conclusão de curso defendido perante banca examinadora e aprovada com distinção.

O conteúdo revela não somente a preocupação pedagógica e a riqueza histórica da discussão, mas também a correta utilização e manuseio de autores nacionais e estrangeiros que ainda continuam sendo reconhecidos como autoridades no tema, com suas múltiplas interpretações. Na verdade, sem deixar de ser propedêutica e informativa, a obra desperta para o estudo da temática central dois momentos essenciais na trajetória da filosofia política e jurídica ocidental: a) Por um lado, o processo de ruptura definitiva com o mundo da Idade Média, as grandes transformações trazidas pelo Renascimento (com ênfase na Itália), a consolidação do ideário político absolutista e o desenvolvimento do capitalismo e a hegemonia social da burguesia; b) De outro, o conteúdo histórico em que se inserem a figura e a obra de Maquiavel, bem como a relação específica de "O Príncipe" e seu impacto na formação do Estado Moderno.

O autor do livro é, seguramente, uma das mais destacadas expressões do mundo jurídico nacional, compatibilizando sua competência de Magistrado no Rio Grande do Sul com o seu brilhantismo na docência e na pesquisa, marcados, em uma longa trajetória acadêmica, por personalidade atuante em prol de uma educação jurídica mais sólida, compromissado na defesa por um direito identificado com a ética, com o humanismo e com a justiça social.

Por tudo isso parabenizamos o Prof. Ingo. W. Sarlet pela riqueza do conteúdo oferecido, mas também pela função didático-pedagógica que a obra "Maquiavel, 'O Príncipe' e a Formação do Estado Moderno" vem a representar, certamente valiosa contribuição para alcançar não só alunos e estudiosos de Direito, em disciplinas como Ciência Política, Filosofia, História e Sociologia do Direito, mas, igualmente, para reflexões em matérias sobre o estudo das ideias ou teorias políticas nos cursos de Ciências Humanas e Sociais.

Florianópolis (SC), 2 de janeiro de 2017.

Prof. Dr. Antonio Carlos Wolkmer
Pesquisador do CNPq – nível A-1

Sumário

Introdução..........17

1. A formação do Estado Moderno..........21
   1.1. O problema do Estado na Idade Média..........21
   1.2. O surgimento do Estado Moderno..........32

2. A concepção de Estado na tradição da filosofia política medieval..........41
   2.1. A patrística e as bases filosóficas da concepção medieval de Estado..........41
   2.2. A concepção do Estado e o pensamento escolástico..........48
   2.3. A baixa Idade Média e o início da secularização..........56

3. Maquiavel..........61
   3.1. Maquiavel e a renascença: o homem e sua época..........61
   3.2. *O Príncipe* e o significado do pensamento de Maquiavel...71

4. Maquiavel, *O Príncipe* e o Estado Moderno..........91

Conclusão..........105

Bibliografia..........109

Introdução

A figura do Estado ocupa uma posição de destaque na vida de cada indivíduo. Queiramos ou não, encontramo-nos ligados a algum Estado e sentimos os reflexos do seu poder. Por esse motivo, justifica-se plenamente o ponto de vista de Georges Burdeau: o lugar que o Estado ocupa no nosso cotidiano é tal que ele não pode ser retirado dali sem comprometer seriamente as nossas possibilidades de vida.

Percebe-se cada vez mais a intervenção do Estado na esfera privada: a absorção do bem individual pelo bem comum; a limitação da esfera particular em detrimento da coletividade. Apesar de já termos – ao menos em tese – superado a fase das monarquias absolutas, percebe-se que, mesmo nos Estados ditos constitucionais e democráticos, o aumento do seu poder, sob o pretexto da proteção ao bem comum, é uma realidade irrefutável. Diante disso, evidencia-se claramente ser o poder o alicerce da estrutura estatal.

Se atentarmos tão somente para a experiência histórica do século XX, veremos que não são raros os exemplos de Estados em que os mecanismos de controle do poder e os princípios democráticos se mostraram frágeis demais para impedir a ascensão de governos despóticos e totalitários. O Estado, então, passa a ser encarado como um fim em si mesmo, e não um meio. As pessoas passam a existir em função do Estado, e não vice-versa. Neste sentido, a experiência Nacional-Socialista na Alemanha, o Stalinismo na URSS, para não falar nas atuais ditaduras militares latino-americanas,[6] constituem-se em exemplos vivos e trágicos dessa realidade.

Há que se considerar, todavia, que a estrutura básica assumida pelo Estado na atualidade e a própria noção de Estado na esfera do pensamento filosófico e político contemporâneo nem sempre existiram como com elas nos deparamos hoje em dia. Basta lançarmos um olhar sobre a História e veremos confirmada esta afirmação: as formas de organização política e social dos homens e as suas ideias encontram-se em constante processo de transformação.

Afirma-se ter sido Maquiavel, na sua obra mais famosa, "O Príncipe", quem pela primeira vez ensaiou uma justificação do Estado quando este se afirmou em caráter definitivo e com as características essenciais que mantém até hoje. Tanto Maquiavel como "O Príncipe" dispensam maiores apresentações. Ambos, autor e obra, foram até hoje objeto de inúmeros estudos, muito embora ainda estejamos longe de apreender, em caráter definitivo, o seu verdadeiro significado.

Diante disso, confrontamo-nos com algumas questões que, para a compreensão do fenômeno Estado, certamente são de interesse fundamental e que justificam plenamente a escolha do tema e do título do presente trabalho. Basicamente, visamos a estudar de que forma, historicamente, se deu a formação do Estado moderno com as suas características essenciais que ainda hoje lhe são inerentes. Queremos também averiguar até que ponto Maquiavel, em "O Príncipe", justificou teoricamente esse Estado. Em suma, qual é exatamente a relação (isto, se ela de fato existe) entre Maquiavel, "O Príncipe" e o Estado moderno em formação.

---

[6] Lembre-se aqui que não houve alteração do texto original, razão da referência (hoje em muito desatualizada) às "atuais" ditaduras latino-americanas".

Levando em conta esses objetivos, dividimos o nosso trabalho em quatro capítulos: no primeiro, numa abordagem de caráter mais histórico, enfocamos o problema da formação histórica do Estado moderno e de suas principais características. Para tanto, tomamos como ponto de partida a Idade Média, período no qual se afirma encontrar o Estado moderno as suas origens. Trata-se, pois, de averiguar se houve ou não, durante a Idade Média, o Estado na acepção moderna do termo e, em caso negativo, como e quando efetivamente se deu a formação desse Estado.

No segundo capítulo, que fundamentalmente tem por objetivo preparar o terceiro, analisamos a noção de Estado vigente na tradição da filosofia política medieval, desde o período da Patrística até a Escolástica e a baixa Idade Média. É importante ressaltar que não se trata de uma abordagem crítica do problema do Estado no pensamento medieval, mas simplesmente de estabelecer qual a noção de Estado e se houve alguma evolução no que tange a esse aspecto.

No capítulo seguinte, Maquiavel e "O Príncipe" tornam-se o objeto principal da nossa atenção. Num primeiro momento, estudamos o momento histórico de Maquiavel e como este se enquadra no seu contexto histórico. Em suma, trata-se de analisar o homem e a sua época. Depois, numa segunda etapa, fazemos uma abordagem – aí sim um pouco mais aprofundada – do conteúdo e do significado de "O Príncipe", a sua real importância na tradição do pensamento político.

Finalmente, no último capítulo, chegamos ao cerne do nosso trabalho: a noção de Estado em Maquiavel e em "O Príncipe". Aí, baseados nos dados colhidos e analisados nos capítulos anteriores, poderemos então partir para a análise da relação entre Maquiavel, "O Príncipe" e o Estado Moderno, objeto precípuo do nosso estudo.

1. A formação do Estado Moderno

1.1. O problema do Estado na Idade Média

Mesmo nos dias atuais, não são poucos os que ainda guardam, a respeito do período histórico, tradicionalmente denominado Idade Média, uma imagem negativa. Identificam-no como uma época de obscurantismo e violência, uma "Idade das Trevas", marcada por um profundo atraso cultural, social e econômico.

Felizmente, estes pontos de vista têm sido revistos e, aos poucos, está-se dando a essa época o seu devido valor e importância. Neste sentido, têm-se esforçado vários historiadores, entre eles Régine Pernoud, que, ao abordar o problema, o fez de forma bastante irônica. Afirma ela que, via de regra e para o público em geral, "Idade Média significa sempre: época de ignorância, de brutalidade, de subdesenvolvimento generalizado, embora seja a única época de subdesenvolvimento durante a qual construíram-se catedrais".[7]

Para Régine Pernoud, esta imagem deturpada da Idade Média (termo que entende deve ser usado entre aspas, utilizando-o somente para se submeter ao uso corrente) deve-se, principalmente, ao fato de que as descobertas e pesquisas sobre o período, realizadas nos últimos cento e cinquenta anos, ainda não atingiram o grande público. Isso, no entanto, só será possível mediante uma reforma nos métodos de ensino de História

---

[7] PERNOUD, Régine. *Idade Média*: o que não nos ensinaram, p. 16.

nas escolas, pois, atualmente, ainda se ensina história como há cinquenta anos.[8]

No que tange aos limites temporais da Idade Média, tem-se fixado comumente o ano 476 da era cristã como o marco inicial desse período. Nessa ocasião, segundo grande parte dos autores, deu-se a queda do Império Romano Ocidental. Por sua vez, considera-se o ano de 1453, data em que Constantinopla caiu nas mãos dos turcos, como o termo final da Idade Média. Sabe-se, no entanto, que tais limites são artificiais, tendo uma importância meramente didática.

Segundo Gaetano Mosca, a decadência política e intelectual da civilização antiga já havia iniciado cerca de dois séculos antes de 476. Por sua vez, a formação do Estado Monárquico Absoluto verificou-se apenas no século XVII, quando a mentalidade das classes dirigentes europeias se livrou das últimas concepções medievais. Para Mosca, não importa quais os limites adotados, o fato é que o período histórico denominado Idade Média compreende aproximadamente entre dez e treze séculos. Isso basta para se compreender que, durante um período tão longo, a organização social e a mentalidade humana certamente experimentaram uma série de variações.[9]

A própria Idade Média habitualmente tem sido dividida em duas etapas: a alta e a baixa Idade Média. A alta Idade Média é o período em que se opera a formação e consolidação do sistema feudal de governo. Esse período, segundo a grande maioria dos autores, principia por volta do século V da era cristã, estendendo-se até meados do século XII, aproximadamente. A baixa Idade Média, por sua vez, é encarada essencialmente como um período de transição, de transformação do sistema feudal e formação do sistema capitalista. Esse período estende-se do século XII ao século XV da nossa

---

[8] PERNOUD, Régine. op. cit. p. 9 a 16.
[9] MOSCA, Gaetano. *História das Doutrinas Políticas*, p. 73 e 74.

era, caracterizando-se, fundamentalmente, entre outros aspectos, pela gradativa desagregação do feudalismo e pelo desenvolvimento e crescimento das cidades e do comércio.[10]

Todavia, é nessa época tão polêmica que se encontram os fatores os quais, no decorrer dos séculos, vão conduzir à formação do Estado Moderno. Segundo Georg Jellinek, "a história da Idade Média principia com formações políticas rudimentares que lentamente vão ascendendo até chegar a ser o que hoje denominamos Estado no pleno sentido da palavra".[11] Aliás, essa é a opinião da maioria dos autores estudiosos do assunto, para os quais, o Estado, na acepção moderna do termo, é o ponto culminante de um desenvolvimento que principia na própria Idade Média.

Isto significa que não temos na Idade Média o Estado como o conhecemos atualmente, ponto de vista defendido por diversos autores, entre eles Hermann Heller, para quem a denominação "Estado medieval" é mais que duvidosa, pois já está devidamente comprovado o fato de não ter havido na Idade Média, durante cerca de cinco séculos, o Estado no sentido de uma unidade de dominação claramente delimitada, pessoal e territorialmente, dotado de meios de poder próprios e independentes, tanto interna quanto externamente.[12]

Essa opinião de certa forma é compartilhada por J. L. Brierly. Entende esse autor que falar de um "Estado Feudal" constitui quase que um emprego abusivo de palavras, pois uma sociedade com uma organização feudal perfeita seria não apenas um Estado fraco, mas a própria negação do Estado.[13]

Observa-se que, não obstante refutarem a existência de um Estado medieval, os autores têm-se uti-

---

[10] A. ARRUDA, José Jobson de. *História Antiga e Medieval*, p. 375.
[11] JELLINEK, Georg. *Teoría General del Estado*, p. 238.
[12] HELLER, Herrnann. *Teoria do Estado*, p. 158.
[13] BRIERLY, J. L. *Direito Internacional*, p. 3.

lizado do termo ao se referirem à organização política medieval. Não cabe, porém, a nós, entrar mais a fundo na análise desse problema. Importante é que se tenha em mente o fato de que a palavra *Estado*, aplicada à organização política na Idade Média, tem um sentido e conteúdo diverso do que se lhe dá atualmente.

Foi talvez Hermann Heller o autor que melhor caracterizou o Estado medieval, separando nitidamente as estruturas políticas medievais das atuais.[14]

Segundo esse autor: "Os historiadores costumam considerar o 'Estado estamental' da Idade Média, seguindo Gierke, como um Estado dualista (Spangenberg, p. 36, Al). Usam para isso como critério o monismo de poder do atual Estado; mas, se isso se fizer, a divisão do poder político na Idade Média não será, certamente, dualista, mas antes pluralista ou, melhor, como disse Hegel, uma 'poliárquia' (*Obras*, IX, p. 403). Quase todas as funções que o Estado moderno reclama para si se achavam então repartidas entre os mais diversos depositários: a Igreja, o nobre proprietário de terras, os cavalheiros, as cidades e outros privilegiados ... o poder central viu-se privado, pouco a pouco, de quase todos os direitos de superioridade, sendo transferidos a outros depositários ... Ao soberano monárquico do Estado Feudal restam, finalmente, apenas poucos poderes imediatos de domínio".[15]

Parece evidente não ter havido na Idade Média o estabelecimento de autoridades centralizadas e fortes, pois o fracionamento do poder foi, sem dúvida, uma das principais características do período.

Diante disso, vê-se logo que a tarefa de definir o que foi o Estado na Idade Média certamente não é das mais fáceis. Não obstante, segundo o Prof. Dalmo Dallari, houve vários fatores que agiram concomitantemente

---

[14] DE LA CUEVA, Mário. *La Idea del Estado*, p. 35.
[15] HELLER, Hermann. *op. cit.*, p. 158.

e que, conjugados, permitem uma caracterização do Estado medieval. Estes elementos, fundamentalmente, foram três: o cristianismo, as invasões dos bárbaros e o feudalismo. Contudo, tendo sempre em mente o fato de que agiram e influenciaram ao mesmo tempo, é possível, partindo de um ponto de vista meramente didático, indicá-los e analisá-los separadamente.[16]

De fato, segundo a maior parte dos autores, deve-se principalmente à Igreja e ao feudalismo a falta de unidade e centralização política na Idade Média. No entanto, para que se compreenda melhor o modo pelo qual estes fatores contribuíram para a caracterização do caráter oliárquico do Estado medieval, impõe-se, desde logo, uma análise mais aprofundada dos mesmos.

O feudalismo foi uma presença típica na Europa Ocidental, principalmente entre os séculos IX e XIII. Para Ganshof, o tipo de sociedade também denominado de "regime feudal" é próprio dos Estados nascidos em consequência das divisões do Império Carolíngio, como é o caso de Alemanha, França, o Reino de Borgonha e Provença e a Itália da época, tendo ocorrido ainda na Inglaterra, certas regiões da Espanha e nos Estados latinos do Oriente próximo.[17]

Contudo, o feudalismo somente poderá ser bem-compreendido se for corretamente enquadrado no seu contexto histórico. Esta é também a opinião de Gianfranco Poggi, para quem "cada sistema de governo deve ser visto contra um fundo mais amplo de fenômenos culturais, econômicos, sociais e tecnológicos".[18]

Durante a Idade Média, estes fenômenos estavam em constante processo de mutação. Destacam-se, porém, no início do período, três acontecimentos que influíram decisivamente no estabelecimento de uma

---

[16] DALLARI, Dalmo de Abreu. *Elementos de Teoria Geral do Estado*, p. 58.

[17] GANSHOF, F. L. *El Feudalismo*, p. 16.

[18] POGGI, Gianfranco. *A Evolução do Estado Moderno*, p. 31.

conjuntura propícia ao desenvolvimento e estabelecimento do sistema feudal de governo: o colapso do Império Romano do ocidente, os deslocamentos populacionais nas invasões dos bárbaros e o afastamento das principais linhas de comércio e comunicação.

As invasões dos bárbaros constituíram-se num grave fator de perturbação e de transformações na ordem estabelecida. Através delas, houve a introdução de novos costumes, além de ter sido estimulado o aparecimento de unidades políticas independentes.[19] Os processos econômicos passaram, na época, por uma total descomercialização, reduzindo-se praticamente a iniciativas rurais isoladas com níveis muito baixos de produtividade, devido principalmente à insegurança e à escassez das linhas de transporte e comunicação. Além disso, a população em geral vivia em precárias condições de saúde, conforto e segurança.[20]

Em consequência desse quadro, passaram a ser valorizadas, cada vez mais, a posse e a propriedade da terra, de onde todos tiravam o seu sustento e da qual passou a depender toda a vida social. Desenvolveu-se, assim, um sistema administrativo e uma organização social e militar estreitamente ligada à situação patrimonial.[21]

Segundo Poggi, foi nessa época, mais precisamente no século VIII, que a dinastia carolíngia empreendeu a tentativa de reconstruir uma estrutura abrangente e translocal de governo, com o objetivo de recuperar o legado romano de ordem e unidade. O ponto culminante desse empreendimento ocorreu, sem dúvida, no dia de Natal do ano 800, ocasião em que Carlos Magno, rei dos francos, foi coroado Imperador pelo Papa.

Houve, então, uma tentativa de estruturar um sistema de governo através da nomeação do *comites*

---

[19] DALLARI, Dalmo do Abreu. *op. cit.*, p. 61.
[20] POGGI, Gianfranco. *op. cit.*, p. 32.
[21] DALLARI, Dalmo de Abreu. *op. cit.*, p. 61.

(condes), os quais representavam o governo local, e dos *missi dominici*, funcionários enviados pelo Imperador com a missão de fiscalizar a administração dos primeiros.[22]

Todavia, tendo em vista o contexto histórico mencionado e, de modo especial, a irregularidade e insegurança das comunicações, as constantes incursões militares e a impossibilidade de desenvolver um tesouro suficiente para financiar um aparelho governamental centralizado, vê-se que era praticamente impossível manter a unidade do império baseado apenas na ação dos governantes locais e dos *missi dominici*.[23]

Foi, contudo, a presença de um elemento de origem germânica, a relação de *Gefolgschaft*, que, a longo prazo, iria causar um impacto destrutivo sobre o novo sistema de governo. A relação de *Gefolgschaft*, vínculo estritamente pessoal, de lealdade e afeição mútuas, através do qual se uniam entre si um líder guerreiro e sua comitiva, era já na época um instituto muito difundido, tendo sido enriquecido e qualificado por três outros de origem romana: a *commendatio*, o *beneficium* e as *immunitas*.[24]

A *commendatio*, mais conhecida como vassalagem, era originalmente uma relação muito assimétrica e desigual, pela qual uma pessoa de categoria inferior se confiava à proteção de alguém superior e poderoso (o suserano), assumindo, perante este, deveres de submissão e ajuda. Devido à influência da *Gefolgschaft*, a *commendatio* passou a ser um arranjo entre partes que, em princípio, pertenciam ao mesmo grupo social. Através dela, o suserano se obrigava a proteger o vassalo, e este a dar sua ajuda ao senhor, mantendo-se entre ambos um vínculo de afeição e respeito mútuos. Não se tratava, pois, a vassalagem, de uma relação meramente

---

[22] POGGI, Gianfranco. *op. cit.*, p. 33.
[23] Ibid., p. 33 e 34.
[24] Ibid., p. 33.

contratual, mas, sim, intensamente pessoal, marcada por um grande conteúdo de caráter emocional.[25]

O *beneficium* ou feudo era, de certa forma, uma consequência da *commendatio*. Consistia, primordialmente, numa concessão de direitos sobre uma área de terras, incluindo a sua população e acessórios agrícolas, destinando-se à exploração econômica por parte do vassalo que desta forma podia cuidar da própria proteção e sustento, além de prestar ao senhor os serviços que lhe eram devidos.

As *immunitas* (imunidades), por sua vez, também estavam intimamente ligadas ao feudo e à *commendatio*. Além de isentar o vassalo do pagamento de tributos ao suserano, a *immunitas* trazia consigo a permissão e obrigação do vassalo de exercer, dentro dos limites territoriais do seu feudo, uma série de prerrogativas de governo, como a de recolher impostos, cunhar a moeda e promulgar e impor a lei.[26] Dessa maneira, a própria função jurisdicional, considerada como sendo uma função privativa do poder estatal, passou gradativamente e em grande parte a mãos privadas.[27] Isso explica por que o Prof. Dalmo Dallari entende que tanto a vassalagem como o benefício implicavam o poder político do senhor feudal, tendo contribuído para que o feudo tivesse sua ordem jurídica própria, desvinculada do Estado.[28]

Dessa forma, num processo de interação entre a *Gefolgschaft*, a *commendatio*, o benefício e as imunidades, desenvolveu-se e aperfeiçoou-se a relação vassalo-suserano que, no entender de Poggi, é a célula do sistema feudal de governo. A relação vassalo-suserano desenvolveu-se principalmente entre meados dos séculos IX e XI, o que, historicamente, se deu de cima para baixo:

---

[25] POGGI, Gianfranco, *op. cit.*, p. 34 e 35.
[26] Ibid., p. 36.
[27] HELLER, Hermann. *op. cit.*, p. 159.
[28] DALLARI, Dalmo de Abreu. *op. cit.*, p. 61.

os governantes territoriais, confiando nos cavaleiros de seus séquitos, dotavam-nos de feudos retirados dos seus domínios. Ocorre que esses cavaleiros também passaram a estabelecer relações de vassalagem com os membros de seus próprios séquitos. Explica-se, assim, a gradativa fragmentação da autoridade, que se constituiu na principal tendência do período feudal, através da divisão de cada grande sistema de governo em numerosos sistemas menores, cada vez mais autônomos e independentes.[29]

Foi, contudo, nessa época, marcada sobretudo pela fragmentação do poder político e por uma desvanecida noção de autoridades, que se fez sentir a força da Igreja.

Na opinião de Hermann Heller, a Igreja representou durante séculos a única organização monista de autoridade, num mundo em que o poder estava desagregado à maneira feudal.[30] "Desde a queda do Império Romano do Ocidente, mostra-se a unidade da Igreja em oposição à variedade dos novos Estados em formação".[31]

O triunfo definitivo do cristianismo deu-se no momento em que, por ordem de Constantino, foi proclamada religião oficial em todo o mundo romano. A partir desse momento, a Igreja começou a se transformar numa verdadeira organização hierárquica, dividindo-se o clero em classes, segundo a sua proeminência e categoria.[32]

Quando desmoronou o Império Romano do Ocidente, suas instituições políticas estavam destruídas e bastante abaladas. Todavia, a organização eclesiástica da Igreja manteve-se firme, passando gradativamente a aumentar o seu poder. A firme crença no mandato

---

[29] POGGI, Gianfranco. *op. cit.*, p. 38 a 40.
[30] HELLER, Hermann. *op. cit.*, p. 159.
[31] JELLINEK, Georg. *op. cit.*, p. 241.
[32] GETTEL, Raymond. *História das Idéias Políticas*, p. 100.

divino do Império Romano e a ideia cristã sobre o caráter universal do "Reino de Cristo" como governo do mundo foram as duas concepções que conduziram à organização espiritual do Império Mundial, encarnado no poder do Papa e no sistema hierárquico da Igreja.[33]

De fato, foi o cristianismo, na opinião de Dalmo Dallari, a base da aspiração à universalidade num mundo em que a unidade política não passava de um ideal. Para ele, os esforços envidados por parte da Igreja, no sentido de converter toda a humanidade ao cristianismo, levaram necessariamente à ideia do Estado universal. Assim, pensando no império da cristandade, a própria Igreja vai estimular a afirmação do Império como unidade política.[34]

É justamente com este pensamento que, no ano de 800, o Papa Leão III confere a Carlos Magno o título de Imperador, evento que marca o início da intervenção da Igreja no Estado.[35]

Georg Jellinek descreve de modo bastante explícito a forma pela qual, principalmente a partir desse momento, passou a se caracterizar o relacionamento entre Igreja e Estado. Entende ele que: "A relação Estado e Igreja, no curso dos tempos, qualquer que tenha sido a sua forma, sempre teve o caráter de uma exigência formulada pela Igreja para que o Estado lhe obedeça. A Igreja sempre se acreditou dotada de um poder suficiente para influir no Estado, poder com que este devia contar, tanto mais que o poder da Igreja, em todos os momentos de sua vida, pediu a subordinação do Estado à sua autoridade".[36]

Houve, contudo, Imperadores que não se submeteram ao poder da Igreja, pretendendo influir nos assuntos eclesiásticos, ao passo que vários Papas, por

---

[33] GETTEL, Raymond. *op. cit.*, p. 100 a 104.
[34] DALLARI, Dalmo de Abrau. *op. cit.*, p. 59.
[35] GETTEL, Raymond. *op. cit.*, p. 105.
[36] JELLINEK, Georg. *op. cit.*, p. 241.

sua vez, também pretenderam assumir o comando no campo temporal. Este dualismo entre Igreja e Estado, a luta entre o poder temporal e o eclesiástico, cada qual querendo fazer valer a sua autoridade, se fez presente durante quase toda a Idade Média.

Isso explica por que, no entender de J. L. Brierly, a Igreja retardou sensivelmente o aparecimento de Estados durante a Idade Média, sendo muito significativo o fato de que, até a Reforma, a autoridade civil nunca havia sido considerada suprema em qualquer país: o poder estava sempre dividido. Segundo Brierly, até mesmo na Inglaterra, país que sempre se caracterizou pela sua rebeldia em relação à interferência do Papa, não se duvidava da existência de certas limitações ao poder do Estado e de que a Igreja exerce sobre os seus súditos uma série de prerrogativas.[37]

Diante do exposto, evidenciam-se, de forma bastante cristalina, os motivos que explicam o caráter pluralista ou "poliárquico" do Estado na Idade Média. O Império, que teoricamente representava a ordem política superior, fracassou na sua tentativa de restabelecer a unidade do mundo romano. A autoridade do Imperador, com raras exceções, não passou, na maior parte do tempo, de uma mera aspiração.

Isso ocorreu, principalmente, em consequência de um processo de progressiva feudalização, o que levou à existência de um grande número de ordens políticas e jurídicas autônomas, sem que houvesse uma hierarquia definida, favorecendo assim cada vez mais, os poderes locais, representados pelos senhores feudais.

Como vimos, também a Igreja aspirava ao governo universal. Todavia, por encontrar-se em constante disputa com o poder laico, acabou contribuindo de forma decisiva na divisão e limitação do poder.

---

[37] BRIERLY, J. L. *op. cit.*, p. 4.

Esse quadro persistiu durante a maior parte da Alta Idade Média, especialmente a partir do século IX. Na fase seguinte, principalmente nos séculos XII e XIII, essa situação se agravou, entrando num processo de completa transformação. A partir desse momento, desenvolveram-se novas forças que vão levar à formação do Estado moderno.

Assim, podemos perfeitamente concluir esta primeira etapa do nosso estudo, valendo-nos das palavras do Prof. Dalmo Dallari, para quem o Estado na Idade Média pode ser caracterizado "mais como uma aspiração do que como uma realidade...".[38] Segundo ele, foi justamente essa aspiração, essa necessidade intensa de ordem e autoridade, o germe de criação do Estado moderno.

1.2. O surgimento do Estado Moderno

Ao tratarmos da caracterização do Estado medieval, vimos que a maioria dos autores nega ter havido na Idade Média um Estado na acepção moderna do termo. Isso porque as características inerentes ao Estado moderno ainda não se faziam presentes naquela época, sendo, aliás, como veremos oportunamente, completamente incompatíveis com o caráter poliárquico da sociedade medieval.

Também averiguamos haver um consenso entre os autores, no que tange à época em que se teria desenvolvido o Estado moderno. Este, como vimos, é o ponto culminante de um processo que principiou na própria Idade Média, mais precisamente, no período habitualmente denominado Baixa Idade Média.

Sem embargo, é nesse período, principalmente a partir do século XIII, que vão tomar forma as mudanças e se evidenciarem as forças que, num período de tempo

---

[38] DALLARI, Dalmo de Abreu. op. cit., p. 62.

relativamente curto (cerca de três séculos), vão conduzir à afirmação das características do Estado moderno.

Nicos Poulantzas, bem como os autores marxistas em geral, identifica o Estado moderno, como se afirmou nos séculos XVI e XVII, como um Estado absolutista, considerando-o como um Estado de transição entre o Estado feudal e o Estado capitalista. Segundo esse autor, "na área da Europa ocidental, o nascimento do Estado absolutista varia de acordo com o desenvolvimento desigual dos diversos conjuntos nacionais, mas situa-se, de acordo com a periodização da feudal idade admitida pelos historiadores, durante o período de "crise maior" do feudalismo, nos séculos XIV e XV".[39]

No entanto, convém ressaltar que o aparecimento do Estado moderno, como se depreende da afirmação de Poulantzas, se produziu segundo formas e etapas muito diferentes nas diversas nações. Por isso, ao abordarmos o assunto, o faremos de forma genérica, sem prender-nos a particularidades locais ou regionais. Apenas o faremos a título exemplificativo e na medida em que isso se torne necessário para a melhor compreensão do processo.

Para Mario de la Cueva, o Estado moderno, entendido como um Estado nacional, territorial, monárquico, politicamente centralizado e soberano, "tanto interna como externamente, é, por um lado, o resultado das lutas entre os diversos poderes presentes na Idade Média: a Igreja, o Império, os reis e os senhores feudais. Por outro lado, surgiu o Estado moderno da formação das comunidades nacionais, assentes sobre uma porção delimitada de território, como ocorreu na Espanha, França e Inglaterra".[40]

No entender de De La Cueva, "ao iniciar-se a baixa Idade Média, as pretensões ao domínio universal

---

[39] POULANTZAS, Nicos. *O Poder Político e as Classes Sociais*, p. 157.
[40] DE LA CUEVA, Mario. *op. cit.*, p. 45.

das potências supranacionais, a Igreja e o Império, se bem que subsistiam teoricamente, principiaram a perder sua efetividade. A negação da supremacia destas potências foi a condição externa e o impulso para o nascimento do Estado moderno".[41]

De fato, foi na luta travada contra o Império e a Igreja que os reis foram, aos poucos, conquistando a dimensão externa da soberania, isto é, o reconhecimento de que não estavam mais subordinados a nenhuma outra autoridade, a nenhum poder superior.

Dois eventos são frequentemente mencionados pelos autores, visando a exemplificar este processo: a vitória do rei Felipe Augusto da França sobre o Imperador Óthon, no ano de 1214, e a revolta do rei Felipe, o Belo, contra a bula papal de Bonifácio VIII, que insistia na subordinação do poder temporal ao da Igreja. Esse último evento culminou com a prisão e morte do Papa, em Anagni, no ano de 1303.[42] Segundo Marcel Pacaud, isso representa a primeira vitória do poder laico sobre o espiritual.[43]

Todavia, para que fosse conquistada a soberania no plano interno, fazia-se necessário superar a fragmentação do poder político, pois, como já foi visto, durante a Idade Média, as atribuições estatais encontravam-se divididas entre os poderes locais.

Dessa forma, pode-se afirmar, juntamente com Mario de la Cueva, que "a formação dos Estados modernos, em sua segunda dimensão, foi a consequência da superação da atomização medieval do poder...",[44] implicando, finalmente, a centralização do poder político e das funções públicas.

---

[41] DE LA CUEVA, Mario. *op. cit.*, p. 47.
[42] ARRUDA, José Jobson de Andrade. *op. cit.*, p. 468.
[43] PACAUD, Marcel, *apud* DE LA CUEVA, Mario. *op. cit.*, p. 47.
[44] DE LA CUEVA, Mario. *op. cit.*, p. 47.

Também para Silveira Neto, "o Estado moderno foi o resultado da centralização do poder, acima de quaisquer corporações existentes na vida interna de uma coletividade, fenômeno que a Idade Média pluralista não conheceu, senão de maneira embrionária".[45]

Na opinião do Prof. Nelson Saldanha, o Estado moderno formou-se "quando as monarquias europeias puderam – inclusive, sabe-se, com certa ajuda da burguesia – superar as forças feudais internas e livrar-se da pressão das estruturas maiores, o Império e o Papado".[46]

Discute-se muito a respeito do grau de importância que se deve atribuir à burguesia no processo de centralização do poder nas mãos dos reis e na formação do Estado moderno. Sabe-se, contudo, que, sem dúvida, o apoio dado pela burguesia aos soberanos nacionais constituiu um elemento decisivo no processo.

A burguesia, classe tipicamente urbana, formada basicamente por artesãos e comerciantes, constituía o núcleo essencial da população das cidades. Estas surgiram e se desenvolveram especialmente na Baixa Idade Média, principalmente (mas não exclusivamente), em função do renascimento comercial provocado, originalmente, pela dinamização das relações entre o oriente e ocidente, em consequência das Cruzadas.[47] Por sua vez, a formação de novas cidades provocou a intensificação do comércio, fortalecendo e enriquecendo cada vez mais as classes burguesas.

Todavia, a falta de centralização política e administrativa constituía-se num entrave ao desenvolvimento, dificultando as relações comerciais. A burguesia desejava a unificação do Estado nacional. Para ela, a unificação do território sob um governo centralizado

---

[45] NETO, Silveira. *Teoria do Estado*, p. 98.
[46] SALDANHA, Nelson. *Sociologia do Direito*, p. 113.
[47] ARRUDA, Jose Jobson de Andrade. *op. cit.*, p. 387-395.

significava a existência de leis, pedágios, impostos, moeda, pesos e medidas unificados, o que, para o fortalecimento do mercado interno, era indispensável.

Isso explica, se bem que de forma bastante simplificada, porque, em sua grande maioria, as classes burguesas passaram a apoiar os reis na sua luta pela centralização do poder, contribuindo, assim, decisivamente, na formação dos Estados modernos.

A importância da burguesia não se limita, contudo, tão somente a este aspecto. "O burguês, como tipo, dá à existência histórica, no âmbito acidental, um tônus peculiar. Ele trouxe traços próprios de mentalidade. São próprios do burguês, por exemplo, a prudência calculadora e o racionalismo".[48] Foi essa mentalidade burguesa a base da mentalidade moderna.

De fato, a formação do Estado moderno deu-se, tendo como pano de fundo, toda uma conjuntura, todo um contexto em que os valores do mundo medieval, gradativamente, foram sendo substituídos por novas concepções de vida, baseados na razão e na liberdade do homem.[49] Nelson Saldanha entende que a época chamada de Renascimento é o ponto de referência histórica desse processo. Nela convergiram várias transformações decisivas, como o humanismo científico e literário, o advento da economia monetária, as expansões marítimas, as novas técnicas e a gradual secularização da mentalidade que, basicamente, constituiu numa substituição gradativa dos padrões religiosos por padrões leigos e racionais.[50]

Sem dúvida, foi a Reforma protestante o primeiro grande momento dessa nova mentalidade, pois desvinculou o homem da autoridade da Igreja.[51] Para Brierly, a Reforma foi o ponto culminante do conflito entre a

---

[48] SALDANHA, Nelson. *op. cit.*, p. 111.
[49] NETO, Silveira. *op. cit.*, p. 99.
[50] SALDANHA, Nelson. *op. cit.*, p. 113.
[51] NETO, Silveira. *op. cit.*, p. 99.

Igreja e o Estado, tendo afirmado "a intenção da autoridade civil de ser suprema em seu território, derrotando definitivamente o último rival do Estado unificado que começava a surgir".[52] Foi por obra da Reforma que o conflito entre Igreja e Estado se decidiu em favor do último. Até mesmo nos países católicos por excelência, a Igreja teve os seus alicerces tão abalados, que não mais teve condições de, como força política, competir com o poder do Estado.

Em 1648, a Paz de Westfália pôs um fim ao longo conflito religioso denominado "guerra dos trinta anos". Este evento, segundo os autores, marcou a aceitação da nova ordem política na Europa ocidental, evidenciando claramente a existência de um novo tipo de Estado.[53] [54]

De fato, a partir da Renascença, as poliárquias medievais transformaram-se em unidades de poder contínuas e centralizadas. A palavra *Estado* passou então a ter um conteúdo e significado completamente novo.[55]

Este novo tipo de Estado é o que habitualmente se denomina Estado moderno. Como já foi visto, ele se originou da luta pela centralização do poder político nas mãos dos reis e de um longo processo de elaboração das nacionalidades, que se constituiu num fenômeno bastante característico do mundo ocidental.

Sem dúvida, foi a monarquia absoluta que realizou a ideia da unidade jurídica e política do Estado no âmbito da Europa ocidental. Muito embora monarquia absolutista e Estado moderno não signifiquem a mesma coisa, foi a monarquia absoluta a forma com que, pela primeira vez, o Estado moderno se apresentou na Europa ocidental. O Estado moderno surgiu como Estado absoluto.

---

[52] BRIERLY, J. L. *op. cit.*, p. 5.
[53] DALLARI, Dalmo de Abreu. *op. cit.*, p. 62.
[54] BRIERLY, J. L. *op. cit.*, p. 4.
[55] HELLER, Hermann. *op. cit.*, p. 162.

Isso se explica pelo fato de que, na época em que se formou o Estado moderno, o sentimento de união nacional estava ao lado dos reis. O rei era uma espécie de símbolo, significando, para a maioria da população, um refúgio contra a exploração e os privilégios feudais.[56] Além do mais, foram os reis que conduziram a luta contra o Império, a Igreja e os poderes locais, na busca da unidade nacional e da centralização do poder.

No entender de Georg Jellinek, a monarquia absoluta "formou uma unidade interior de territórios que estavam, originalmente, separados uns dos outros; criou um exército, não sujeito às contingências da fidelidade do vassalo; instituiu um funcionalismo estatal; colocou debaixo do seu amparo a administração da justiça em todos os territórios que abarcavam o Estado, ou, ao menos, submeteu ao seu poder a administração da justiça feudal... ".[57]

Para Nelson Saldanha, "o que se chama Estado moderno é antes de tudo o Estado nacional que, de início absoluto-monárquico, converteu-se depois em liberal-constitucional-democrático sem perder, entretanto, os caracteres principais".[58] De fato, as características do Estado moderno na sua fase absolutista não diferem, essencialmente, das características do Estado contemporâneo constitucional. O que houve de fato foi apenas uma transferência do poder do Estado. Esse, na fase monárquico-absolutista inicial, estava concentrado nas mãos do monarca absoluto. Todavia, principalmente através das revoluções burguesas, o poder do Estado passou para as mãos do povo, afirmando o princípio democrático da soberania popular.

Não obstante, é o Estado moderno, na sua forma absolutista, que constitui o objeto por excelência do

---

[56] MAC IVER, R. M. *O Estado*, p. 97.
[57] JELLINEK, Georg, *op. cit.*, p. 243.
[58] SALDANHA, Nelson, *op. cit.*, p. 115.

nosso estudo. É esse o Estado que, nos séculos XVI e XVII, se estabeleceu em caráter definitivo no mapa político da Europa ocidental. Desde o seu nascimento, apresenta o Estado moderno características que o diferenciam nitidamente das organizações políticas precedentes.

Segundo Luciano Gruppi, são três as características básicas do Estado moderno. A primeira delas é a sua soberania, isto é, o fato de que a sua autoridade não depende de nenhuma outra autoridade. A segunda característica, que se vai evidenciar principalmente na Inglaterra, no século XVII, é a distinção entre Estado e sociedade civil, através da ascensão da burguesia. E, finalmente, a terceira característica do Estado moderno é que, ao contrário do Estado medieval patrimonial, no Estado moderno, o monarca representa a soberania estatal. Existe uma identificação absoluta entre Estado e monarca.[59]

Ao contrário do que ocorreu durante a Idade Média, em que a divisão das atribuições estatais entre os poderes locais determinou o caráter poliárquico da organização política, o Estado moderno aparece "como instituição centralizada, fonte de todo o poder político no interior de um domínio territorial nacional".[60] É o Estado nacional soberano por excelência, o qual, autônomo e centralizado, não admite de forma alguma a existência de uma autoridade que lhe seja superior.

---

[59] GRUPPI, Luciano. *Tudo Começou com Maquiavel*, p. 9-10.
[60] POULANTZAS, Nicos. *op. cit.*, p. 158.

2. A concepção de Estado na tradição da filosofia política medieval

2.1. A patrística e as bases filosóficas da concepção medieval de Estado

No capítulo anterior, vimos que o caráter pluralista da sociedade medieval impediu, durante a Idade Média, a existência do Estado na acepção moderna do termo. Aliás, afirma-se que o próprio termo *Estado* teria sido introduzido na literatura apenas no início do século XVI, por intermédio da obra "O Príncipe", de Maquiavel.

Diante disso, convém ressaltar, de antemão, que a palavra *Estado* não se fez presente no vocabulário político dos autores medievais. Estes, ao se referirem à sociedade política de então, faziam uso de termos latinos como *respublica, civitas e regnum*, entre outras.[61]

No entanto, percebe-se, por parte dos autores mais recentes, uma certa insistência no uso do termo *Estado* ao se referirem à concepção de sociedade política na obra dos pensadores medievais. Fazem-no, talvez, por julgarem que se trata da tradução mais correta e adequada à compreensão do leitor.

Presente isso, e conscientes de que o Estado medieval consiste em algo diverso do que o Estado moderno que conhecemos, podemos, de imediato, passar

---

[61] D'ENTRÈVES, Passerin, *apud* CHEVALLIER , Jean-Jacques. *História do Pensamento Político*, I/205.

à análise da concepção de Estado no pensamento político dos filósofos da Idade Média.

Tendo-se afirmado como religião oficial do mundo romano, por ordem de Constantino, o cristianismo sobreviveu à dissolução do Império Romano do Ocidente. Passou, então, apoiado na rígida organização eclesiástica da Igreja, a aumentar cada vez mais a sua influência.

No campo do pensamento, como religião e filosofia, o cristianismo provocou profundas transformações nas concepções de Direito e de Estado, não havendo dúvida de que, durante a Idade Média, "a religião – a doutrina da Igreja Católica – foi a ideologia dominante da Europa ocidental...".[62]

Originalmente, a doutrina de Cristo não tinha nenhum significado político. Os seus ensinamentos de amor ao próximo tiveram, de início, um caráter meramente espiritual. Todavia, segundo Giorgio Del Vecchio, o caráter universal da religião cristã, expresso no ideal da fraternidade dos homens em Deus, influenciou na política e ciências afins. A aproximação do Direito da Teologia teria sido uma primeira influência da doutrina cristã. O Direito passou então a ser considerado como emanado de uma ordem divina, e o Estado, encarado como instituição divina. Um segundo efeito manifesta-se, principalmente, na concepção cristã de Estado. Ao passo que na antiguidade clássica acima do indivíduo somente existia o Estado (Cidade-Estado), a Igreja, devido ao caráter universal da doutrina cristã, passou a se afirmar como autoridade superior ao Estado.[63]

Dessa forma, explica-se porque o monismo político da Cidade-Estado antiga, que era simultaneamente Estado e Igreja, transformou-se num dualismo, implicando necessariamente uma limitação do poder

---

[62] POKROVSKI, V. S. *História das Ideologias – do esclavagismo ao feudalismo*, p. 132.

[63] DEL VECCHIO, Giorgio. *Lições de Filosofia do Direito*, p. 60-61.

temporal que iria perdurar praticamente durante toda a Idade Média.

Em seu "Ensaio Histórico sobre o Jusnaturalismo", o professor Antonio Carlos Wolkmer afirma que, "na Idade Média, todos os cristãos participavam de uma concepção comum no universo: a que fora exposta em o novo Testamento e nos ensinamentos dos Padres da Igreja. A Filosofia do Direito, como todos os outros ramos do pensamento, era dominada pela Igreja e suas doutrinas. A herança da antiguidade clássica não estava perdida, pois se fez presente na obra dos pensadores cristãos, que reinterpretaram sob a luz da teologia cristã".[64]

Diante disso, vê-se que o pensamento medieval não se baseia exclusivamente nos ensinamentos de Cristo, transmitidos pelos apóstolos. Recolheu também elementos do pensamento clássico que foram adaptados à doutrina cristã.

Via de regra, no que tange ao pensamento filosófico, divide-se a Idade Média em dois períodos fundamentais: a Patrística e a Escolástica.

A Patrística estende-se das origens do cristianismo até a época de Carlos Magno, aproximadamente. "Este período da cultura cristã é designado com o nome de Patrística porquanto representa o pensamento dos padres da Igreja, que são os construtores da teologia católica, guias, mestres, da doutrina cristã".[65] Nesse período é que são desenvolvidos os dogmas da Igreja e lançam-se os fundamentos do pensamento medieval.

Dentre os padres da Igreja, desponta indubitavelmente a figura de Santo Agostinho, considerado por muitos como sendo o pai do catolicismo medieval e a

---

[64] WOLKMER, Antonio Carlos. "Ensaio Histórico sobre o Jusnaturalismo". In: *Revista Estudos Jurídicos*. São Leopoldo, Unisinos, VIII/96, n. 23.

[65] PADOVANI, Humberto; CASTAGNOLA, Luís. *História da Filosofia*, p. 147.

influência dominante, no campo do pensamento, até S. Tomé de Aquino.

Aurélio Agostinho (354-430) viveu no final do período conhecido como Idade Antiga, numa época muito conturbada, marcada pelas incursões bárbaras e pela franca decadência do Império Romano Ocidental. Convertido ao cristianismo aos trinta e três anos de idade, passou a se dedicar, de corpo e alma, ao estudo da doutrina cristã e a elaborar a sua vasta obra. Ordenado padre em 391 e consagrado Bispo em 395, governou a Igreja de Hipona até o fim da sua vida, quando contava setenta e cinco anos de idade.

Santo Agostinho legou-nos uma obra extensa e variada no campo da teologia e da filosofia. A nós, porém, interessa particularmente a sua "De civitate Dei" (A cidade de Deus), certamente a sua obra mais significativa. Para Giorgio Del Vecchio, "em nenhuma outra obra se poderá observar melhor a diferença entre o conceito helênico e o conceito cristão de Estado".[66]

Sem embargo, percebe-se na obra de Santo Agostinho a profunda influência da teoria platônica das ideias e do ideal estoico da igualdade fundamental dos homens. Coube a Santo Agostinho a tarefa de compatibilizar estes elementos do pensamento clássico com o pensamento cristão.

Muito embora o Estado ideal de Platão possa, em princípio, se assemelhar à cidade celeste de Agostinho, existe uma diferença fundamental entre os pensamentos dos dois filósofos:

> Na doutrina de Santo Agostinho as ideias platônicas transformam-se nos pensamentos de Deus. De acordo com essa transformação, todos os conceitos da antiga filosofia tiveram de sofrer uma modificação radical... Foi essa a grande metamorfose trazida pelo pensamento cristão: a transição do *logos* grego pare o cristão.

---

[66] DEL VECCHIO, Giorgio. *op. cit.*, p. 63.

Santo Agostinho procurou outro mundo, muito além do mundo da cultura intelectual grega.[67]

No pensamento de Platão, especialmente na sua obra "A República", o Estado é considerado o ser perfeito, que domina a atividade humana em todas as suas dimensões. O Estado domina de forma absoluta, pois tudo se encontra debaixo de sua influência. Platão considerava o Estado como uma necessidade para o perfeito desenvolvimento do indivíduo, que, acima de tudo, devia ser um bom cidadão. No entender de Platão o fim do Estado é universal e compreende a felicidade e a virtude de todos os indivíduos, e é justamente a justiça, a virtude por excelência, que deve reinar no Estado. No Estado ideal de Platão, caberia aos filósofos a tarefa de governar, pois, assim como os indivíduos, também o Estado deve ser dominado pela razão.[68]

Santo Agostinho, por sua vez, não podia aceitar essa concepção de Estado. Para ele, o Estado, por mais perfeito que seja, não tem condições de satisfazer as aspirações humanas, pois somente em Deus encontram os homens tudo de que necessitam. Para ele, Deus é a fonte da vida e da sabedoria. No entanto, Deus não é atingível através da razão, mas somente pela fé.

A Cidade de Deus agostiniana encontra-se no céu, e não na terra. Todavia, a ela corresponde uma na terra, e esta é representada pela comunidade de fiéis, ou seja, pela Igreja. Esta tem como finalidade precípua obter a paz eterna, que somente poderá existir no "Reino de Deus".

A *civitas terrena* não corresponde a um Estado em particular, sendo fruto do pecado original. Dessa maneira, justifica-se o domínio do homem sobre o homem. O governo e a autoridade passam assim a ser uma necessidade, pois o pecado, que corrompeu a

---

[67] CASSIRER, Ernst. *O Mito do Estado*, p. 96.
[68] DEL VECCHIO, Giorgio, *op. cit.*, p. 39-43.

ordem natural das coisas, deve ser castigado. Segundo o pensamento de Santo Agostinho, o Estado terreno, derivando da natureza e da vontade divina, está subordinado à cidade celeste.

Santo Agostinho, porém, não rejeita a necessidade da ordem política. O Estado terreno é importante e justifica-se pela sua finalidade, que é louvável: manter a paz e a ordem entre os homens. Não obstante, tem o Estado caráter provisório, pois fatalmente há de vir o dia em que dará lugar ao "Reino de Deus".[69]

O Estado, segundo Santo Agostinho, está subordinado aos ditames da justiça, pois entende ele que a justiça é o principal objetivo do Estado. Quanto a este aspecto, Agostinho está de acordo com a tradição do pensamento clássico. "O Estado que pretende ser duradouro deve satisfazer um mínimo de exigências da justiça, no sentido usual do termo, na ausência da verdadeira e completa justiça da cidade de Deus".[70]

Todavia, existe uma diferença essencial entre a concepção clássica de justiça e a cristã. A concepção abstrata e impessoal de justiça não podia ser aceita pelo pensamento cristão, pois na religião cristã, monoteísta por natureza, o direito tem sempre uma fonte pessoal. Sem um legislador, não pode existir lei, sendo que esse legislador deve estar acima de todas as forças humanas. Até a natureza é criação divina. Na concepção cristã, as leis da justiça são irrevogáveis e invioláveis porque exprimem a ordem divina, ou seja, a vontade do que se poderia chamar de supremo legislador.[71]

Dessa forma, a verdadeira justiça é a justiça divina que, por sua vez, somente se encontra no "Reino de Deus", na *civitas celestis*. Daí se conclui que não pode existir um verdadeiro Estado sem verdadeira justiça.

---

[69] DEL VECCHIO, Giorgio. *op. cit.*, p. 63.
[70] CHEVALLIER, Jean-Jacques. *op. cit.*, p. 182.
[71] CASSIRER, Ernst. *op. cit.*, p. 114, 115 e 121.

Segundo Agostinho, é a Igreja que decide se o Estado é justo ou não, pois a lei eterna de Deus limita o Direito Positivo que não a pode contrariar, sob pena de se tornar injusto.

Isso explica por que, no sistema de Santo Agostinho, o Estado está subordinado à Igreja. O Estado, realidade provisória, está destinado a desaparecer com o estabelecimento do "Reino de Deus". A Igreja, por sua vez, prefigura a cidade celeste que tende à ordem absoluta, pois é dotada de jurisdição universal.[72]

Para Carl J. Friedrich, esta é a mudança principal e decisiva presente no pensamento de Santo Agostinho. É ela que levará futuramente à separação entre o Estado e a Igreja, a luta entre o poder temporal e o espiritual que, conforme já foi visto, foi uma das principais características durante a maior parte da Idade Média.[73]

Santo Agostinho morreu no ano 430 da era cristã, antes de iniciar-se a Idade Média propriamente dita, segundo os padrões tradicionais de divisão dos períodos históricos. As ideias de Santo Agostinho, porém, não pereceram. Pelo contrário, tornaram-se uma influência dominante nos séculos que se seguiram à sua morte.

Depois de Santo Agostinho, principalmente nos três primeiros séculos da Idade Média, poucas figuras se destacaram no campo do pensamento. Entre elas, poderíamos mencionar São Isidoro de Sevilha e o Papa Gelásio I. Foi esse último que, em fins do século V, e baseado no pensamento de Santo Agostinho, deu um ponto de partida à teoria das duas espadas. Em carta dirigida ao Imperador Anastásio, do Império Romano do Oriente, sustentou a separação e a independência entre o poder temporal e o espiritual. A autoridade de ambos os poderes deriva de Deus, sendo cada qual supremo em seu campo. Bem mais tarde, a partir do século IX,

---

[72] CHEVALLIER, Jean-Jacques. *op. cit.*, p. 182-183.
[73] FRIEDRICH, Carl J. *Die Philosophie des Rechts in Historischer Perspektive*, p. 23.

essa teoria passou a ser desenvolvida, tornando-se fundamental para a compreensão do problema do Estado na Idade Média.

2.2. A concepção do Estado e o pensamento escolástico

No período que se segue à morte de Santo Agostinho, principalmente nos três primeiros séculos da Idade Média, assistimos a um verdadeiro retrocesso na vida cultural. Foi um período marcado por uma grande instabilidade em todos os setores, principalmente, devido às constantes migrações e invasões bárbaras.

Com o estabelecimento do Império Carolíngeo, no século IX, houve um renascimento temporário e parcial dos estudos e da cultura, dominados, no entanto, pelo Clero. Foi nessa época, segundo Gaetano Mosca, que se desenvolveu a doutrina da superioridade da hierarquia eclesiástica sobre a laica. Basicamente, argumentavam os defensores dessa doutrina que, devido ao fato de a Igreja governar as almas e o poder temporal, os corpos, este deveria submeter-se ao poder da Igreja. Isso porque, na concepção da Igreja, a alma é superior ao corpo.

Na prática, porém, a teoria da supremacia do poder eclesiástico ficaria estagnada por algum tempo (cerca de dois séculos). O Império Carolíngeo não duraria muito tempo e, após algumas décadas de relativo progresso, assistimos mais uma vez, ao recrudescimento das invasões bárbaras e ao desmembramento do poder político em centenas de unidades autônomas, em consequência do feudalismo.

No entanto, por volta do ano mil, o imperador Oto "O Grande" conseguiu firmar novamente a ideia romana da unidade da cristandade sob uma autoridade. Isso se tornou possível porque as últimas invasões bárbaras haviam sido repelidas, tendo alguns povos, como foi o caso dos húngaros, poloneses e escandinavos, se convertido ao cristianismo. Além disso, houve uma certa estabilização na ordem feudal, o que diminuiu as guerras internas.[74]

No entender de Truyol y Serra, sob o império de Carlos Magno, bem como de Oto I, denominado "O Grande", o dualismo gelasiano deu lugar a um regime de íntima compenetração entre os poderes espiritual e temporal. O fato de o imperador ser coroado pelo Papa fez do governo temporal um ofício cristão. Se dessa maneira a Igreja passou a intervir nos assuntos temporais, a recíproca também é verdadeira: o imperador também se intrometeu nos assuntos eclesiásticos. Esse fato, aliado a um desvio da hierarquia eclesiástica de seus fins espirituais, provocou uma revolta por parte de alguns segmentos da Igreja Católica.[75]

Foi o Papa Gregório VII quem governou a Igreja Católica de 1073 a 1085 e quem desencadeou abertamente a luta entre o imperador e o Papa. Gregório VII expressou claramente a sua teoria sobre a supremacia do poder papal, afirmando que o Papa, como titular do poder eclesiástico, pode excomungar o Imperador ou qualquer outro governante temporal. Insiste ele na origem divina da autoridade do Papa e na sua infalibilidade. Gregório VII foi quem, no entender de Jean-Jacques Chevallier, libertou o poder espiritual de todas as formas de usurpação por parte do temporal, constituindo a origem da luta entre o Império e a Igreja, também denominada luta das duas espadas. Para Truyol y Serra, a posição de Gregório VII e de seus seguidores não era nada mais do que uma consequência da tendência do pensamento agostiniano de dissolver a sociedade temporal na espiritual, a natureza no sobrenatural.[76]

---

[74] MOSCA, Gaetano. *História das Doutrinas Políticas*, p. 78-80.
[75] TRUYOL Y SERRA, Antonio. *História de la Filosofia del Derecho y del Estado*, I/328.
[76] CHEVALLIER, Jean-Jacques. *op. cit.*, p. 191, e TRUYOL Y SERRA, Antonio. *op. cit.*, p. 238-239.

A partir de Gregório VII, manifesta-se de forma bastante acirrada a luta entre o poder espiritual e o poder temporal. Esse conflito não deixou, porém, de ter profundos reflexos no campo do pensamento, pois adeptos de ambos os partidos procuravam justificar teoricamente as suas posições. Foi principalmente nessa época, mas já a partir do século IX, que começou a se evidenciar uma nova corrente no pensamento medieval: a Escolástica.

A Escolástica representa o último período do pensamento cristão e deve a sua denominação ao fato de haver surgido nas escolas da época: conventos, abadias, catedrais e, mais tarde, também nas universidades.

No entender de Truyol y Serra, um dos traços característicos da escolástica medieval é que ela carece de uma unidade doutrinal, pois o vigor especulativo dos seus principais representantes foi muito grande, levando à afirmação dos seus temperamentos individuais.[77]

Diversamente da Patrística, a Escolástica tem um caráter bem mais especulativo. Seu principal objetivo consistiu, basicamente, em dar uma base lógica e racional aos dogmas cristãos. "A tese de que a filosofia está ao serviço da teologia foi o princípio básico da Escolástica. Deste modo, a Escolástica medieval procurava colocar um fundamento filosófico sob todo o edifício da fé".[78]

Todavia, até Santo Tomás de Aquino (meados do século XIII), a influência dominante no pensamento medieval continuaria sendo a de Santo Agostinho. Provavelmente, isto se deve ao fato de, apenas a partir do século XII, as obras de Aristóteles terem sido divulgadas na Europa ocidental. Isso, para a afirmação do pensamento escolástico, foi de importância fundamental.

---

[77] TRUYOL Y SERRA, Antonio. *op. cit.*, p. 223.
[78] POKROVSKI, V. S. *op. cit.*, p. 142-143.

A Escolástica pré-tomista, principalmente nos séculos XI e XII, caracteriza-se pelo conflito entre os defensores incondicionais da fé, também denominados místicos, e os partidários da razão, chamados de dialéticos. Os primeiros viam na lógica e na dialética um obstáculo à verdadeira vida cristã. Os principais representantes dessa corrente foram S. Pedro Damiani (1007-1072) e S. Bernardo de Clairvaux (1091-1153), os quais foram unânimes e categóricos em condenar a razão e os dialéticos que a cultivavam.

Os dialéticos, por sua vez, afirmavam que a razão é um dos elementos indispensáveis da verdadeira religião e um dos apoios da fé. Segundo eles, é preciso penetrar a fé pela razão. Sem dúvida, as figuras de Santo Anselmo (1033-1109) e Pedro Abelardo (1097-1142) são os expoentes dessa corrente e podem, perfeitamente, ser denominados os pioneiros da dialética.

Foi, porém, John Salisbury (1110-1185), escolástico inglês, quem efetuou a primeira tentativa realizada na Idade Média de sistematização da filosofia política antes da São Tomás de Aquino. Inspirava-se sobretudo no ideal da comunidade, segundo a concepção ciceroniana, e defendia o ponto de vista segundo o qual o príncipe não é mais do que um ministro do sacerdote, subordinado ao Papa. O príncipe, segundo ele, está submetido às leis divinas, e o menosprezo dessas leis transforma-o num tirano. Aliás, afirma-se que John Salisbury é o primeiro teórico medieval a defender o tiranicídio como um método legítimo de eliminar um governante iníquo.[79]

A partir do século XII e, principalmente no século XIII, assistimos, na Idade Média, ao que se poderia chamar de um verdadeiro renascimento intelectual. A criação das universidades, como foi o caso das de Paris e Oxford, e a proliferação das escolas de Direito levaram

---

[79] SABINE, George H. *História das Teorias Políticas*, 1/246-247, e TRUYOL Y SERRA, Antonio. *op. cit.*, p. 334-335.

a uma intensificação da vida intelectual e dos estudos da teologia, filosofia e do Direito.

Nas universidades ensinavam os maiores eruditos da época, vindos de todas as partes do mundo, destacando-se, todavia, os mestres das duas grandes ordens mendicantes da Igreja Católica: os franciscanos e os dominicanos. Foi nas universidades que se difundiu e estudou a obra de Aristóteles, traduzida inicialmente do árabe para o latim. Sem dúvida, foram os árabes que levaram a filosofia de Aristóteles ao conhecimento do mundo cristão, principalmente através dos comentários de Avicena e Averroés, os maiores conhecedores de Aristóteles no mundo islâmico. Tão grande seria a influência de Aristóteles que o próprio Tomás de Aquino, em meados do século XIII, iria coordenar um trabalho de tradução direta da obra de Aristóteles do grego para o latim.

No entender de George H. Sabine: "Aristóteles deu à Idade Média uma nova visão da vida intelectual grega e a crença de que a razão é a chave que necessariamente abrirá a porta para o conhecimento do mundo natural. Do século XIII até o presente, jamais se perdeu inteiramente esse estímulo".[80]

Por parte da Igreja Católica, a primeira reação em relação à obra de Aristóteles foi de repulsa. Isso levou inclusive à proibição do estudo de Aristóteles nas universidades. Todavia, essa reação foi momentânea e, em pouco tempo, o pensamento de Aristóteles não apenas foi tolerado como "transformado em pedra fundamental da filosofia da Igreja Católica".[81]

A tarefa de "cristianizar" Aristóteles foi levada a cabo por Alberto "O Grande" (1207-1280) e, principalmente, por seu discípulo Tomás de Aquino, ambos membros dos dominicanos.

---

[80] SABINE, George H. *op. cit.*, p. 245.

[81] *Ibid.*, p. 247.

Sem dúvida, foi Santo Tomás de Aquino o maior vulto da filosofia escolástica. Para Truyol y Serra, a filosofia de Tomás de Aquino é o ponto culminante do pensamento cristão medieval e a maior autoridade intelectual do catolicismo.[82]

Tomás de Aquino nasceu em 1225, na Campânia, Itália. De origem nobre, estudou primeiramente em Nápoles, ingressando, posteriormente, na ordem dos dominicanos. Passou então a se dedicar ao estudo da teologia, como discípulo de Alberto "O Grande", na universidade de Paris e em Colônia. A partir de 1252, dedicou-se ao magistério universitário, alternadamente, nas universidades de Paris e Nápoles, vindo a falecer prematuramente em 1274, aos quarenta e nove anos de idade.

Santo Tomás de Aquino expôs a filosofia social e política da Idade Média em sua forma clássica. No que tange à concepção de Estado no pensamento tomista, evidencia-se claramente a profunda influência de Aristóteles.

Entende Santo Tomás que o Estado nasce do instituto social do homem. Segundo ele, a natureza social do homem deve-se ao fato de somente ele ter a capacidade de se comunicar com os seus semelhantes. Por isso, os homens vivem em comunidade, devendo estar submetidos a um controle, pois o egoísmo leva-os a procurarem satisfazer as suas necessidades e a combater entre si. Não haveriam, pois, condições de vida em comum sem a existência de uma autoridade, alguém encarregado pelo bem comum da coletividade. Dessa forma, justifica-se o Estado como um produto natural e necessário à satisfação das necessidades humanas, e não como fruto do pecado original.[83]

Justifica-se, assim, a opinião de Ernst Cassirer, para quem Santo Tomás de Aquino, apesar de nunca ter pos-

---

[82] TRUYOL Y SERRA, Antonio, *op. cit.*, p. 341.
[83] MAYER, J. P. *Trayectoria del Pensamiento Político*, p. 69, e DEL VECCHIO, Giorgio. *op. cit.*, p. 66.

to em dúvida os dogmas da Igreja Católica, não podia aceitar a concepção tradicional de que o Estado é uma instituição divina, autorizada por Deus como remédio para o pecado humano. Segundo Cassirer, não obstante seja Deus a causa remota do Estado, os homens, por seus próprios meios, devem alcançar a ordem e a justiça. É precisamente nesse aspecto que reside uma das diferenças fundamentais entre o pensamento de Santo Tomás e a concepção de Estado em Santo Agostinho.

Isso se explica porque, no sistema tomista, no entender de Cassirer, a razão e a revelação são consideradas verdades de Deus, motivo pelo qual não podem entrar em choque uma com a outra. Os sistemas filosóficos anteriores a Santo Tomás baseavam-se na concepção agostiniana do dualismo entre corpo e alma, espiritual e temporal. Santo Tomás, por acreditar que o homem é uma unidade orgânica, inverteu esta concepção, afirmando que o corpo não é um obstáculo à alma; pelo contrário, ambos se completam.[84] Dessa maneira, na concepção do Santo Tomás de Aquino, "a vida política do homem ganhou uma nova dignidade. O Estado terreno e a cidade de Deus já não são polos opostos; relacionam-se e completam-se um ao outro".[85]

Percebe-se, pois, que Santo Tomás de Aquino concede ao Estado uma maior importância e autonomia do que o fazem os seus antecessores. Todavia, no que tange às relações entre Igreja e Estado, percebe-se nitidamente a presença de elementos do pensamento de Santo Agostinho. Em princípio, afirma Santo Tomás que tanto a Igreja como o Estado têm o seu domínio próprio, sem que aquela posse invadir o campo de atuação deste, pois ambos os poderes são autônomos. No entanto, no caso de ocorrer um conflito entre os dois poderes, insiste Santo Tomás na subordinação do poder temporal ao espiritual. O Estado que se opõe

---

[84] CASSIRER, Ernst, *op. cit.*, p. 129-132.
[85] Ibid., p. 133.

à Igreja carece de legitimidade, pois o Papa é o representante de Deus, e o soberano, consequentemente, lhe deve obediência.[86]

Segundo Santo Tomás, o Estado tem por fim o bem comum, ou seja, oferecer aos seus membros as melhores condições espirituais e materiais de vida possíveis. Por achar que o Estado em que apenas um detém o poder tem as melhores condições de prosperar e atingir os seus fins, Santo Tomás vê na monarquia a melhor forma de governo. Para ele, o governo coletivo facilmente degenera em confusão, resultando daí a tirania. Para fundamentar a sua preferência pela monarquia, vale-se São Tomás de uma série de exemplos, como o das abelhas, que possuem uma só rainha, e o do universo, governado por um só Deus.[87]

Existem, porém, autores, principalmente os marxistas, que veem em Tomás de Aquino um ferrenho defensor dos interesses da classe dominante da sua época, pois, afirmando que os camponeses e os habitantes da cidade constituem a camada inferior da população e que, por executarem um trabalho inferior, não podem tomar parte na administração do Estado, Santo Tomás de Aquino "desempenha abertamente o papel de defensor da desigualdade e da hierarquia feudal".[88]

De fato, não podemos olvidar que a Igreja, com sua rígida organização eclesiástica, foi, durante a Idade Média, uma força muito expressiva. A Igreja, pode-se dizer, foi uma potência em todos os sentidos, e a sua força se fez sentir em praticamente todos os setores da atividade humana. No entender dos autores marxistas ou materialistas, principalmente, a Igreja foi, durante a Idade Média, um dos mais poderosos instrumentos de opressão das camadas inferiores da população. Atribuindo um valor

---

[86] DEL VECCHIO, Giorgio. *op. cit.*, p. 67, e MOSCA, Gaetano. *op. cit.*, p. 86.
[87] CHEVALLIER, Jean-Jacques. *op. cit.*, p. 220-224, e POKROVSKI, V. S. *op. cit.*, p. 146.
[88] POKROVSKI, V. S. *op. cit.*, p. 143-144.

decisivo ao princípio da autoridade e do poder, São Tomás de Aquino fundamenta, no entender de Pokrovski, a rígida estrutura social da Idade Média, caracterizada pela divisão em castas bem delimitadas. A subordinação dos inferiores aos superiores é, de acordo com Santo Tomás de Aquino, uma determinação das leis naturais e divinas, existindo, todavia, limites a essa subordinação.[89]

Sem entrarmos no mérito de uma crítica marxista do pensamento de São Tomás, mas cientes de que ela existe e não pode ser menosprezada, podemos afirmar que a concepção de Estado em São Tomás de Aquino, independentemente da interpretação que se lhe dá, foi um marco no âmbito do pensamento medieval. O fato de São Tomás aceitar o Estado como uma instituição necessária, resultante do instinto social do homem, seguindo o pensamento de Aristóteles, constitui, sem dúvida, uma prova de que, mesmo a Igreja, com todo o seu poder, era obrigada a se adaptar, de certa forma, às mudanças que estavam ocorrendo em todos os campos da atividade humana.

A ideia de Estado, em Santo Tomás, rompeu com a tradição agostiniana, que prevaleceu por quase todo o período medieval. Apesar de ter desenvolvido toda a sua teoria em função da doutrina a dos dogmas da Igreja Católica, o pensamento de Santo Tomás de Aquino acabou, principalmente, em razão da presença de elementos do pensamento aristotélico, por influenciar no surgimento e desenvolvimento gradativo da secularização do pensamento filosófico e político.

2.3. A baixa Idade Média e o início da secularização

Na baixa Idade Média, principalmente a partir do século XIV, percebe-se, no campo do pensamento, uma

---

[89] POKROVSKI, V. S. *op. cit.*, p. 144.

nítida tendência à defesa do poder temporal face à intervenção por parte da Igreja. Os conflitos entre Estado e Igreja tornam-se cada vez mais acirrados e, aos poucos, começam a se afirmar as teorias que se contrapõem à pretensão da Igreja e dos Papas ao domínio mundial.

No plano dos acontecimentos políticos e sociais, evidencia-se o gradativo crescimento urbano e o aumento do poder real. A Igreja e o Império, ambos poderes universais, vão enfrentar uma limitação cada vez maior, e a tendência dominante da época vai ser a de uma gradativa secularização da mentalidade com reflexos em todos os setores da atividade humana.

Para Del Vecchio, duas teorias encontravam-se em choque nesse período: a dos guelfos e a dos gibelinos. Ambos os partidos, embora admitissem a existência e autonomia dos dois poderes, o temporal e o espiritual, divergiam, todavia, no que diz respeito às relações entre os mesmos. O partido guelfo defendia a supremacia eclesiástica, afirmando que, não obstante ambos os poderes derivarem de Deus, somente a Igreja era a intérprete imediata da divindade. Por sua vez, os gibelinos advogavam a independência e o paralelismo entre os dois poderes. Para eles, o poder temporal deriva diretamente de Deus, estando no mesmo plano que o da Igreja.[90]

Dante Alighieri (1285-1321), considerado um dos precursores do Renascimento italiano, foi um defensor ferrenho da ideia da monarquia universal. Na sua obra "De Monarquia", defende o ponto de vista segundo o qual o imperador é o herdeiro do povo romano, cabendo-lhe, por conseguinte, o governo universal. No que tange às relações entre o Império e a Igreja, sustenta firmemente a autonomia e independência do primeiro frente à última. Afirma Dante que a humanidade, para se desenvolver, necessita de paz em toda a parte, e por

---

[90] DEL VECCHIO, Giorgio. *op. cit.*, p. 68.

isso deve existir apenas uma autoridade universal, apenas um governante, e este é o Imperador.[91]

É, porém, nas obras de Guilherme de Occam e Marsílio de Pádua que vamos encontrar a presença das principais tendências secularizadoras na Baixa Idade Média, numa época em que já havia principiado a transição para o mundo moderno. Ambos os autores viveram praticamente na mesma época e foram partidários de Luis da Baviera, tendo vivido na sua corte, em Munique.

No entender de Truyol y Serra, Marsílio de Pádua (cerca de 1280-1342) destacou-se por ter sido o representante mais significativo do novo espírito secularizador, no campo dos pensamentos político e jurídico, nos últimos séculos da Idade Média. A essência de seu pensamento está expressa na sua obra principal, o "Defensor Pacis", condenada pela Igreja e impregnada de um radical naturalismo e racionalismo, o que, provavelmente, se deve a sua formação médica.[92]

Afirma Marsílio de Pádua que o Estado tem por objetivo a paz, o bem físico e espiritual de todos os membros da sociedade, o que, para Kurt Schilling, explica o título da sua obra.[93] O Estado é para Marsílio de Pádua a forma mais elevada e complexa de organização social dos homens, precedido pelas organizações sociais menores, como a família, a tribo, o clã e a cidade.

No que tange às relações entre a Igreja e o Estado, Marsílio de Pádua defende a independência recíproca dos dois poderes. Nesse aspecto, o pensamento de Marcílio destaca-se por seu caráter inovador. Com efeito, entende Marsílio de Pádua que o Papa e o Clero não gozam de jurisdição coercitiva, pois o Evangelho não é lei, mas sim lição. Segundo Kurt Schilling, o cris-

---

[91] DEL VECCHIO, Giorgio. *op. cit.*, p. 69, e MOSCA, Gaetano. *op. cit.*, p. 91.
[92] TRUYOL Y SERRA, Antonio. *op. cit.*, p. 285-286.
[93] SCHILLING, Kurt. *História das Idéias Sociais*, p. 168.

tianismo é, para Marsílio de Pádua, apenas uma religião entre outras. Dessa maneira, torna-se a religião um assunto de caráter estritamente pessoal, o que explica porque Marcílio de Pádua é considerado um arauto da liberdade de consciência.[94]

Segundo Marsílio de Pádua, o Papa não pode deter o poder secular, recebendo-o somente se necessário e por delegação do governante civil. Para Jean-Jacques Chevallier, isso significa que, para Marsílio de Pádua, a Igreja, na prática, está subordinada ao Estado. O clero, além de não ter poder jurisdicional, está subordinado, também em certos aspectos da esfera religiosa, à jurisdição do governante civil. Sem dúvida, isso significa uma completa reviravolta no âmbito do pensamento medieval.[95]

Guilherme de Occam (1290-1349), pertencente à ordem dos franciscanos, combateu a supremacia e a infalibilidade do Papa, e por isso, a exemplo de Marsílio de Pádua, se refugiou na corte de Luís da Baviera. Para Occam, nem o Papa, nem o concílio universal são infalíveis. Infalível é apenas a Igreja universal, composta pela totalidade dos fiéis. Occam limita assim as atribuições do Papa, pois este pode errar, justificando-se assim a resistência e a intervenção por parte do poder temporal e dos fiéis. Occam é partidário do ideal da monarquia universal, considerando-a a forma mais adequada para atingir e assegurar a paz universal. Relevante é também o fato de que Occam entendia que o Estado não depende da religião, cabendo ao príncipe proteger igualmente os cristãos e os não cristãos. Evidencia-se, assim, no pensamento de Occam, a necessidade de separar o poder laico e o poder do Papa, o que implica a supremacia do governante temporal nos tribunais seculares.[96]

---

[94] POKROVSKI, V. S. *op. cit.*, p. 151, e SCHILLING, Kurt. *op. cit.*, p. 168.
[95] CHEVALLIER, Jean-Jacques. *op. cit.*, p. 241-247, e POKROVSKI, V. S. *op. cit.*, p. 151.
[96] POKROVSKI, V. S. *op. cit.*, p. 150.

Com Marsílio de Pádua e Guilherme de Occam, encontramo-nos já no limiar de uma nova era: é o mundo moderno que está começando a se formar. No que tange ao Estado, o pensamento de Marsílio de Pádua e Guilherme de Occam reflete a tendência à secularização que passaria a ser uma marca característica do Renascimento. Ao passo que a Igreja e o Império se enfraqueciam, começavam a se desenvolver as monarquias nacionais absolutistas, e o poder civil vai-se afirmando como supremo, em detrimento do eclesiástico.

A concepção de mundo teocêntrica, característica da Idade Média, vai dar lugar a uma nova visão do mundo: centrada no homem e nos seus valores. Coube, principalmente, a Maquiavel a tarefa de romper com a tradição medieval de pensamento, substituindo os dogmas cristãos pelas leis da experiência.

3. Maquiavel

3.1. Maquiavel e a renascença: o homem e sua época

Indiscutivelmente, não podemos arriscar-nos sequer a ensaiar uma interpretação do pensamento e da obra de Maquiavel, se não o enquadrarmos corretamente no seu contexto histórico. Nascido em Florença, Itália, no dia 03 de maio 1469, Niccoló Macchiavelli e sua obra foram, sem dúvida, uma expressão típica de seu tempo.

Não há como negar que, na época de Maquiavel, assistimos a uma série de transformações na estrutura da sociedade a na personalidade humana. De fato, quando Maquiavel veio ao mundo, a Idade Média já havia chegado ao seu final, ao passo que o período histórico mais conhecido como Idade Moderna apenas começava a desabrochar.

No entender de Bertrand Russel, dois aspectos fundamentais distinguem, basicamente, o mundo moderno do medieval: "A decrescente autoridade da Igreja e a crescente autoridade da ciência".[97] É claro que estes não foram os únicos fatores que se fizeram presentes nos primórdios da Idade Moderna. Em todos os setores da atividade humana se fizeram sentir as mudanças.

As transformações espirituais foram especialmente profundas e marcaram a mudança para uma nova era

---

[97] RUSSEL, Bertrand. *História da Filosofia Ocidental*, III/5.

que surgia. Desde o século XIV, espalhou-se por quase toda a Europa um movimento espiritual, o Humanismo, que colocava o homem, libertado de todos os compromissos, no centro de toda a pesquisa e pensamento. Foi desse movimento que, segundo Natzmer, floresceu a Renascença, visando a realizar o ideal de uma vida mais bela e harmoniosa e de uma formação mundana em todos os campos.[98]

O Renascimento, no entender de Edith Sichel, "foi um movimento, uma revivificação das capacidades do homem, um novo despertar da consciência de si próprio e do universo".[99]

Esse movimento, que tem as suas raízes na Itália, onde atingiu a sua plenitude, difundiu-se posteriormente pelos outros países da Europa, assumindo, porém, formas particulares em cada Estado.

Originalmente, o termo *Renascimento* teve um sentido religioso, conservando-se durante a Idade Média com o significado de uma volta do homem a Deus. Todavia, a partir do século XV, a palavra passa a ter um significado completamente diverso, qual seja, o de uma renovação moral, intelectual e política, através de um retorno aos valores da antiguidade clássica.[100]

Não podemos, porém, com absoluta margem de certeza, delimitar o Renascimento no tempo e no espaço. Como apropriadamente observa Marcílio Marques Moreira, trata-se a Renascença de "uma série de processos no tempo", e que "o antigo e o novo, por vezes, se alternam".[101] Não obstante, podem-se fixar limites aproximados. Para Edith Sichel:

---

[98] NATZMER, Gert von. *Weisheit der Welt*. p. 205.

[99] SICHEL, Edith, *O Renascimento*, p. 7.

[100] ABBAGNANO, Nicola. "Renascimento". In: *Dicionário de Filosofia*, p. 819.

[101] MOREIRA, Marcílio Marques. "Maquiavel e a Renascença – Tempos Difíceis Reflexão Crítica". In: BATH, Sérgio *et al. Maquiavel*: um Seminário na Universidade de Brasília, p. 32.

Foi entre 1400 e 1600 que dominou plenamente. Como outros movimentos, teve precursores, mas diferentemente dos outros, não foi delimitado por nenhum objetivo particular, e a onda fertilizante que varreu a Itália, a Alemanha, a França, a Inglaterra e, em grau muito menor, a Espanha, deixando através de si um mundo novo, parece-se mais com um fenômeno da natureza do que com uma corrente da História – mais uma atmosfera envolvendo os homens do que um rumo definido à sua frente. O novo nascimento foi a resultante de um impulso universal, e tal impulso foi precedido de algo semelhante a uma revelação do intelecto e das possibilidades do homem. E tal como a revelação cristã no mundo espiritual, assim o Renascimento, no mundo natural, significou uma disposição de espírito, uma visão nova, uma fonte de pensamentos e obras, antes que efeitos concretos.[102]

Essa nova disposição de espírito, essa revelação do intelecto e das possibilidades do homem foram, sem dúvida, aspectos fundamentais do Renascimento. A descoberta do mundo e do homem, características que emprestam ao Renascimento o seu *ethos* específico,[103] nada mais são do que o reflexo do processo de secularização pelo qual passaram as instituições europeias na Baixa Idade Média e no início da Idade Moderna.

Durante a Idade Média, a sociedade era concebida como uma organização natural, baseada numa ordem de estados consagrados em que cada indivíduo ocupava o lugar que a natureza e Deus lhe haviam designado. O indivíduo achava-se assim preso ao papel por ele exercido na ordem social, pois, via de regra, nascia-se dentro de uma certa posição econômica e nela permanecia até o fim da vida. As possibilidades de mudança de classe eram muito remotas, e a liberdade individual, em contraste com a que existe na sociedade moderna, praticamente não existia. O universo do homem medieval era muito limitado, pois esse se encontrava preso à terra e ao papel social por ele desempenhado. Nessa sociedade, conforme assevera Erich Fromm, o indivíduo,

---

[102] SICHEL, Edith. *op. cit.*, p. 7.
[103] MOREIRA, Marcílio Marques. *op. cit.*, p. 29.

no sentido pleno da palavra, consciente de si e de suas possibilidades, ainda não existia, pois o homem ainda se relacionava com o mundo através de vínculos primários.[104]

Jacob Burckhardt descreve com muita clareza a situação do homem na Idade Média. Afirma ele que: "Durante a Idade Média, os dois lados da consciência – o que se dirige para o mundo e o que se volta para o interior do próprio homem – permaneciam como que encobertos por um véu, sonhando e semidespertos. O véu era tecido de fé, timidez infantil e ilusão; vistos através dele, o mundo e a história apareciam estranhamente coloridos. O homem, porém, reconhecia-se tão somente como raça, povo, partido, corporação, família ou então em qualquer outra forma coletiva. É na Itália que, pela primeira vez, o vento levanta este véu. Despertam assim uma observação e manipulação objetivas do Estado e das coisas do mundo em geral. Simultaneamente, porém, afirma-se com pleno poder o subjetivo: o homem se torna um indivíduo espiritual e reconhece-se como tal".[105]

No período da Renascença essa situação se modificou. Já a partir do século XII, a estrutura social medieval, paulatinamente, foi-se desmantelando, e o resultado foi a gradativa libertação do indivíduo dos vínculos tradicionais que o mantinham acorrentado à terra e ao papel social por ele exercido. De fato, a ascensão da burguesia e o desenvolvimento do comércio levaram o capital, a iniciativa individual e o espírito de competição a aumentarem em importância, formando-se uma nova classe de grande força econômica. Isto fez com que, conforme assevera Erich Fromm, o individualismo crescesse em importância, o que veio a refletir em todas as esferas da atividade humana.[106]

---

[104] FROMM, Erich. *O Medo à Liberdade*, p. 42 e 43.
[105] BURCKHARDT, Jacob. *Die Kultur der Renaissance in Italien*, p. 97.
[106] FROMM, Erich. *op. cit.*, p. 44 e 45.

Tal foi a importância desse novo individualismo, que levou Gert von Natzmer a afirmar que: "Para o homem da renascença, o segredo da individualidade se tornou a grande aventura. Nele é que os pensadores da época acreditaram terem descoberto a chave para a existência".[107]

Basicamente, foi nas cidades que essas transformações se evidenciaram com maior intensidade. Nelas surgiu um novo estilo de vida, um novo estilo de atividade econômica e política. A vida urbana, em contraste com o imobilismo característico da sociedade feudal, ligada à terra, significava o movimento. Houve uma verdadeira transferência do polo gravitacional do campo para a cidade.[108]

O Renascimento rompeu com a concepção teocêntrica do mundo, dominante durante a Idade Média, substituindo-a por uma concepção antropocêntrica do mundo e da sociedade. É justamente neste aspecto que reside a importância do Renascimento. Libertando concomitantemente a atividade econômica e política de qualquer controle ético ou teológico, o Renascimento teve um papel decisivo na secularização de toda a existência social.

Como já havíamos observado no primeiro capítulo, foi no contexto histórico do Renascimento que surgiu o Estado moderno, como um Estado nacional e secularizado, liberto do controle que sobre ele exerciam o Império e a Igreja. Ao contrário do que ocorria na Idade Média, o Estado não aparece mais como uma ordem política natural ou de origem divina, mas, sim, como resultado de uma "construção calculada e consciente, como obra de arte".[109]

---

[107] NATZMER, Gert von. *op. cit.*, p. 212.
[108] MOREIRA, Marcílio Marques. *op. cit.*, p. 33.
[109] BURCKHARDT, Jacob. *op. cit.*, p. 6.

Segundo Erich Fromm, foi na Itália que a estrutura social medieval se desmantelou em primeiro lugar. Foi na Itália que o Renascimento nasceu e se afirmou em toda a sua plenitude. Aliás, assevera Burckhardt que o italiano de Renascença foi "o primogênito dos filhos da Europa moderna".[110]

O fato de a ruptura entre a sociedade medieval e a moderna ter ocorrido primeiramente na Itália deve-se, basicamente, à sua privilegiada situação geográfica. Na época, o Mediterrâneo era a principal rota comercial da Europa. Isto, aliado à proximidade do oriente, facilitou em muito a intensificação das relações comerciais, o que levou ao desenvolvimento de uma classe economicamente muito poderosa e a formação e afirmação do capitalismo comercial, muito antes que nas demais regiões da Europa ocidental.

Paradoxalmente, porém, se, ao final do século XV, a Itália estava passando por uma fase de grande desenvolvimento e floração artística e cultural – era considerada o país mais rico e desenvolvido da época –, o mesmo não se pode afirmar de sua situação política, tremendamente instável. De fato, na Itália renascentista, reina grande confusão. Enquanto assistia-se, em França, Espanha e Inglaterra, ao estabelecimento das monarquias absolutistas e à centralização do poder, a Itália encontrava-se dividida em cinco grandes Estados regionais: o reino de Nápoles, o ducado de Milão, a república de Veneza, a república de Florença e o Estado Pontifical, além de uma série de domínios senhoriais de menor porte.

Como bem observa J. F. Duvernoy, a evolução da Itália, a partir do século XII, caracterizou-se por um vasto e multiforme movimento de unificações parciais. Basicamente, isso se deu através do confisco de antigas pequenas "repúblicas", por dinastias de "príncipes novos",

---

[110] FROMM, Erich. *op. cit.*, p. 44, e BURCKHARDT, Jacob. *op. cit.*, p. 97.

ou pela extensão do território de antigos domínios senhoriais.[111]

Não é sem razão que Georges Mounin se pergunta, por que a Itália, país em que nasceu o capitalismo moderno, assiste – numa Europa onde em quase toda a parte se desenvolve o moderno capitalismo – ao declínio de seu próprio capitalismo econômico e político? Como pode acontecer que numa Europa, em que da Espanha à Moscóvia, se constituem lentamente os Estados nacionais, justamente a Itália seja uma exceção?[112]

O próprio Mounin, baseando-se em obra do historiador britânico Frederick Antal, responde à pergunta. O capitalismo italiano, do século XI ao século XIV, desabrocha solitária e, de certa forma, prematuramente num mundo ainda feudal em sua quase totalidade. Disso se pode deduzir que esse capitalismo, sobretudo o florentino, é estreitamente dependente de um mercado, por sua vez também praticamente feudal. A clientela básica do capitalismo italiano constituía-se principalmente por Igreja, Estados feudais, senhores feudais, cortes aristocráticas e camadas superiores da burguesia. Em função das necessidades de consumo dessa clientela, o capitalismo italiano especializou-se na produção de tecidos caros, no comércio de especiarias e nos negócios bancários.

Daí resulta que esse pequeno núcleo capitalista está desarmado politicamente, devido ao seu meio circundante completamente feudal. E desarmado notadamente contra as ações políticas desse meio: os movimentos antilombardos, as extorsões de fundos e as falências dos reis da jovem Europa, que são seus principais clientes. A decadência do capitalismo florentino inicia no fim da Idade Média, no curso justamente das grandes falências no início do século XIV, em consequência da política adotada pelos novos Estados

---

[111] DUVERNOY, J. F. *Para Conhecer o Pensamento de Maquiavel*, p. 16.
[112] MOUNIN, Georges. *Machiavel*, p. 35.

nacionais de não pagarem as suas dívidas para com as pequenas repúblicas italianas que, face a essa política, se encontravam militarmente impotentes. O fechamento do oriente pelas invasões turcas e a descoberta de novas rotas para as Índias e o novo mundo aceleraram o processo de decadência da economia italiana. Além disso, não se pode olvidar a concorrência dos capitalismos dos novos Estados nacionais, como foi o caso de Inglaterra, França e Espanha, bem mais protegidos que o capitalismo italiano, devido principalmente à força política desses Estados.[113]

Acresce-se a isso o fato de os pequenos Estados regionais italianos estarem em constante luta entre si. Nem Nápoles, nem Veneza, nem Milão chegam a se tornar Estados unificadores ou centros de hegemonia. A causa disso reside na política temporal dos papas, que, fracos demais para unificar a Itália sob o seu governo, assim mesmo eram fortes o suficiente para impedir que algum outro Estado italiano o fizesse.

De 1454, ocasião em que foi celebrada a Paz de Lodi, até 1494, data em que Carlos VIII, Rei da França, invadiu a Itália, a península italiana atravessou uma fase de relativa tranquilidade política. Isso se deve ao fato de que, entre os grandes Estados italianos, se estabeleceu um equilíbrio natural. Cada uma dessas potências confiava na sua própria força para defender a sua independência, sabendo-se, no entanto, destituída de força suficiente para, isoladamente, submeter as outras.

Não há dúvida de que nesses quarenta anos coube à Florença de Maquiavel o papel de capital do equilíbrio e da renascença italianas. Essa hegemonia florentina acentuou-se ainda mais sob o governo de Lourenço de Médici, chamado de o "Magnífico", que governou de 1469 a 1492. No entender de Burckhardt, a Florença do século XV era a "oficina" mais importante do

---

[113] MOUNIN, Georges. *op. cit.*, p. 35 e 36.

moderno espírito italiano e europeu em geral. Para ele, na história de Florença, encontram-se unificadas a maior consciência política e a maior riqueza em formas evolutivas. Florença foi a pátria das doutrinas e teorias políticas, das experiências e, acima de tudo, da concepção histórica no sentido atual.[114] Foi essa a Florença que Maquiavel conheceu na sua juventude.

Todavia, após a morte de Lourenço, rompeu-se o já frágil equilíbrio político italiano. Carlos VIII, Rei da França, aproveitando-se dessa situação e, visando a fazer valer os seus direitos de suserania sobre o reino de Nápoles, invadiu a Itália em 1494.

Neste mesmo ano, os Médici são expulsos de Florença pela sua população, que legitima a república de Girolano Savonarola. Quatro anos depois, em maio de 1498, o Papa Alexandre VI depõe Savonarola e manda enforcá-lo e queimá-lo em praça pública depois de tê-lo excomungado em março do mesmo ano. Pouco tempo depois, Maquiavel seria indicado para o posto de chanceler da República, que ocuparia até o retorno dos Médici a Florença, em 1512. Foi nesse período que separa a queda de Savonarola e o retorno dos Médici, que se desenvolveu a carreira política de Maquiavel. Nesses quatorze anos é que Maquiavel, em numerosas missões diplomáticas a serviço de sua república, entra em contato com os poderosos da época e com os intrincados problemas da política. Sua inteligência lúcida e percuciente permitia-lhe penetrar a fundo na análise desses problemas, o que viria a ser de suma importância quando da redação de suas obras mais significativas.

Em 1512, os Médici, com o apoio da Espanha, reconquistaram o domínio senhorial de Florença. Maquiavel foi destituído de seu cargo e, suspeito de haver participado numa conspiração contra os Médici, foi preso e torturado. E solto após provar a sua inocência,

---
[114] BURCKHARDT, Jacob. *op. cit.*, p. 59 e 68.

o que não impede que o obriguem a se exilar na sua pequena propriedade particular em San Casciano.

Como bem observa Jean-Jacques Chevallier, citando Charles Benoist: "Maquiavel perdeu o seu lugar, mas nós ganhamos Maquiavel".[115] De fato, é nesse período de exílio forçado que Maquiavel passou a se dedicar devotadamente aos estudos e redigiu a sua importante obra. A famosa carta enviada por Maquiavel a Francesco Vettori, em 10 de dezembro de 1513, ilustra muito bem o estado de espírito e a situação de Maquiavel durante o seu exílio. Depois de relatar o seu dia passado junto aos afazeres do campo e conversas na estalagem, escreve Maquiavel:

> Quando chega a noite, volto para casa e vou ao meu estúdio. No umbral dispo as roupas sujas e suadas do quotidiano, e ponho as vestes da corte e palácio, e nessa indumentária mais solene penetro as cortes dos amigos onde, sendo bem recebido por eles, experimento a comida que é a minha e para a qual nasci. E ali, torno me ousado, falando com eles e indagando-lhes os motivos de seus atos. E eles, em sua humanidade, respondem-me. E durante quatro horas esqueço o mundo, não lembro as humilhações, não receio a pobreza nem tremo com a morte: fico completamente absorvido por eles.[116]

E nesse período de desilusão que Maquiavel, afastado da vida pública, compõe as suas duas obras mais importantes: o "Príncipe" e os "Discursos sobre a Primeira Década de Tito Lívio". Em 1520, recobrou novamente o favor dos Médici que o nomearam historiador oficial de Florença e lhe confiaram algumas missões de menor importância. Após o saque de Roma pelas tropas de Carlos V, os Médici mais uma vez são afastados do poder, e Maquiavel é excluído do novo governo. Tomado pela doença e não resistindo ao sentimento de rejeição, faleceu Maquiavel em 22 de junho de 1527.

---

[115] BENOIST, Charles, citado por CHEVALLIER, Jean-Jacques. In: *Grandes Obras Políticas de Maquiavel a Nossos Dias*, p. 22.

[116] MAQUIAVEL, Nicolau, citado por HALE, J. R. In: *Maquiavel e a Itália da Renascença*, p. 130.

3.2. *O Príncipe* e o significado do pensamento de Maquiavel

Depois de termos visto, em linhas gerais, como se deu a formação do Estado nacional moderno no âmbito da Europa ocidental e qual foi a concepção de Estado na tradição do pensamento medieval, relacionamos, na primeira parte deste capítulo, a figura de Maquiavel com o seu contexto histórico: o Renascimento na Itália. Antes, porém, de partirmos para a relação de Maquiavel com a formação do Estado moderno, faz-se necessária uma breve análise do pensamento de Maquiavel e, em especial, de "O Príncipe", objeto por excelência do nosso estudo.

Das obras que nos deixou Maquiavel, duas destacam-se por sua importância: "O Príncipe" e os "Discursos sobre a Primeira Década de Tito Lívio". Não obstante a segunda seja, de um ponto de vista estritamente científico, a sua obra mais importante, foi a primeira que imortalizou Maquiavel, tornando-o uma das figuras mais discutidas nos últimos quatro séculos, no âmbito do pensamento ocidental.

Como apropriadamente observa Isaiah Berlin, evidentemente há algo que perturba no pensamento de Maquiavel, pois, de outro modo, seria inexplicável que as suas obras, escritas num estilo lúcido e conciso, característico da prosa renascentista, provocassem, ao longo dos séculos, tanta polêmica e despertassem tantas reações apaixonadas e divergentes.[117]

De fato, Maquiavel tem sido apresentado pelos seus estudiosos das mais diversas maneiras. Enquanto alguns o apresentam como um cínico e um hipócrita confesso, outros veem nele um patriota e um nacionalista ardente e até um democrata convicto. Como lembra Sabine, apesar de serem incompatíveis entre si,

---

[117] BERLIN, Isaiah. *O Problema de Maquiavel*, p. 1 e 4.

cada uma dessas opiniões traz em si uma parcela de verdade, o que fez com que nenhuma delas possa ser aceita como a única explicação correta do caráter e do pensamento de Maquiavel.[118]

Muito embora nos "Discursos" transpareça a preferência de Maquiavel pela constituição republicana, a exemplo da república romana, à qual se reporta constantemente, a maioria das pessoas identifica Maquiavel com aquela que se tornou a sua obra mais famosa: "O Príncipe". Segundo Robert Downs, comparando-se as duas obras, chega-se à conclusão de que Maquiavel era, de fato, um republicano convicto que via na combinação de governo popular e monárquico a melhor maneira de se dirigir um Estado.[119]

Ambos os livros foram elaborados mais ou menos à mesma época, o que, dado o seu conteúdo diverso e, segundo alguns, até contraditório, vem alimentar ainda mais a polêmica em torno de seu autor.

Atualmente, porém, a maioria dos autores já reconhece que as duas obras não são tão contraditórias assim. Como bem observa George Sabine, ambas as obras tratam fundamentalmente das causas da ascensão e do declínio dos Estados e dos meios dos quais se devem valer os governantes para os tornarem permanentes. Segundo ele, a diferença essencial reside apenas em que, em "O Príncipe", Maquiavel não manifesta expressamente o seu entusiasmo pelo governo republicano, pois trata fundamentalmente de governos e monarquias absolutos.[120]

Para Ernst Cassirer, "O Príncipe", de Maquiavel, é o melhor testemunho de que "a sorte de um livro depende da capacidade dos seus leitores". "O Príncipe" teve, em toda a história da literatura, uma fama sem

---

[118] SABINE, George H. *História das Teorias Políticas*, p. 343.

[119] DOWNS, Robert B. *Livros que Revolucionaram o Mundo*, p. 23.

[120] SABINE, George H. *op. cit.*, p. 331 e 332.

precedentes e, se os seus efeitos foram claros e inequívocos, o mesmo não se pode afirmar a respeito do seu significado, que a toda hora encontra uma nova interpretação.[121]

Após ter circulado livremente e sem oposição por algum tempo, "O Príncipe" foi incluído no rol dos livros proibidos por decisão do Papa Paulo IV, confirmada no Concílio de Trento, em 1564. A partir daí e, principalmente na Inglaterra do século XVII, à época elisabetiana, o livro e seu autor foram considerados expressões da hipocrisia e da crueldade, a encarnação do mal e do demônio.

Já os filósofos iluministas do século XVIII encaravam Maquiavel de uma maneira mais favorável. De certa forma, viam nele um aliado no que concerne às relações entre o Estado e a Igreja, censurando, todavia, o seu amoralismo no tocante às coisas da política.

Todavia, em fins do século XVIII e, principalmente durante o século XIX, assistimos a uma completa reviravolta nas opiniões acerca do caráter e da obra de Maquiavel. Herder, Fichte e Hegel, entre outros, reabilitaram o nome de Maquiavel, vendo nele um devotado patriota e um arguto observador da realidade histórica. A diabolização de Maquiavel foi suplantada por uma espécie de dedicação de seu nome e de sua obra,[122] sendo que na época do *Risorgimento*, foi inclusive aclamado como herói nacional pelo movimento de unificação italiana.

"O Príncipe", de Maquiavel, escrito em 1513 e dedicado a Lourenço de Médici, duque de Urbino, é um pequeno tratado composto de vinte e seis capítulos, considerado pelo próprio autor como sendo um opúsculo, conforme ressalta da famosa carta a Francesco Vettori, escrita em dezembro de 1513.

---

[121] CASSIRER, Ernst. *O Mito do Estado*, p. 134 e 135.

[122] Ibid., p. 135-142.

Basicamente, conforme observa Gaetano Mosca, "O Príncipe" é um estudo sobre os meios pelos quais se constituem, se conservam e se expandem os Estados.[123] Aliás, o próprio Maquiavel afirma que se propôs a estudar "o que é principado, de que espécie são, como eles se conquistam, como eles se mantêm, por que eles se perdem". Para Maquiavel, todas as formas de governo, "todos os domínios que têm havido e que há sobre os homens foram e são repúblicas e principados". Todavia, no capítulo dois de "O Príncipe", Maquiavel deixa bem claro que é apenas dos últimos que irá se ocupar no transcurso de sua obra.[124]

Pondera Maquiavel que existem duas espécies fundamentais de principados: os hereditários e os novos, os quais, por sua vez, podem ser mistos ou totalmente novos. Os primeiros, cujo príncipe "governa pelo sangue" (hereditariedade), são, no entender de Maquiavel, fáceis de serem mantidos, porquanto basta ao Príncipe manter a praxe dos seus antecessores e contemporizá-la com as situações particulares que se lhe apresentam.[125]

Não são, porém, os principados hereditários nos quais Maquiavel concentra a sua atenção. Para ele, interessam principalmente os principados novos, pois é neles que se encontram as maiores dificuldades. Os principados mistos, em que uma região nova é anexada a um principado hereditário, são analisados por Maquiavel principalmente no capítulo três de "O Príncipe". Neste capítulo, Maquiavel estabelece algumas regras básicas para a conservação do poder sobre esta espécie de principado.

Todavia, mais do que pelos principados mistos, interessa-se Maquiavel pelos principados totalmente novos, fundados ou pelas armas, ou pela habilidade

---

[123] MOSCA, Gaetano. *História das Doutrinas Políticas*, p. 112.
[124] MAQUIAVEL, Nicolau. *O Príncipe*, Capítulo I, p. 11.
[125] Ibid., Capítulo II, p. 13.

política ou por atos criminosos. É destes que Maquiavel se ocupa nos capítulos seis, sete e oito de "O Príncipe". No capítulo sete, Maquiavel discorre sobre a figura de César Bórgia, denominado Duque Valentino, no qual vê consubstanciadas todas as qualidades e virtudes que julga serem essenciais para um príncipe novo.

Com efeito, escreve Maquiavel, que, se forem considerados todos os progressos do Duque, se verá que ele traçou grandes alicerces para a sua futura potência. "Não julgo que seja supérfluo discorrer a respeito, porque eu não saberia regras melhores para oferecer a um príncipe novo do que o exemplo das ações do duque".[126]

Nos Capítulos IX e XI, Maquiavel analisa os principados civis e eclesiásticos, respectivamente. Estes últimos, segundo entende Maquiavel, não são difíceis de serem mantidos, pois se sustentam basicamente pela rotina da religião.

A organização militar é o assunto principal do qual trata Maquiavel, nos Capítulos XII a XIV de "O Príncipe". Maquiavel demonstra ser um ferrenho partidário das milícias nacionais e combate o uso de tropas mercenárias e aliadas, nas quais, segundo ele, não se podem confiar. Entende Maquiavel que o príncipe deve ter a seu dispor tropas dispostas a por ele morrer e que não lutem apenas em troca de dinheiro. A ausência de milícias nacionais é, para Maquiavel, uma das causas da ruína italiana.

A partir do Capítulo XV de "O Príncipe", Maquiavel, depois de examinar as diversas espécies de principados e de citar diversos exemplos históricos de homens que souberam manter-se no poder, passa a enunciar os seus famosos conselhos sobre a arte de governar. Baseando-se nas características da natureza humana e em uma série de exemplos, retirados da história e de sua

---

[126] MAQUIAVEL, Nicolau. *op. cit.*, Capítulo VII, p. 34.

própria experiência nos negócios políticos, Maquiavel expõe as suas ideias sobre as qualidades essenciais do bom "Príncipe". São nesses capítulos, principalmente do Capítulo XV ao XX, que, segundo os autores, está exposto o que se poderia chamar de "a quintessência do maquiavelismo".[127]

No Capítulo XV de "O Príncipe", afirma Maquiavel que "é necessário a um príncipe, para se manter, que aprenda a poder ser mal e que se valha ou deixe de valer-se disso segundo a necessidade".[128] Para Maquiavel, bom seria se o príncipe só tivesse as boas qualidades. Não deve, porém, se importar de ter certos defeitos, se estes são fundamentais para mantê-lo no governo, pois coisas que aparentemente são virtudes podem, na prática, levá-lo à ruína.

No capítulo seguinte, ao tratar da liberalidade e da parcimônia, Maquiavel pondera que um príncipe deve gastar pouco para não roubar dos seus súditos, pois é preferível ter fama de avaro do que, sendo liberal, ser destruído.

> Dentre as coisas de que um príncipe se deve guardar estão o ser necessitado ou odioso. E a liberalidade conduz a uma ou a outra coisa. Assim, pois, é mais prudente ter fama de miserável, o que acarreta má fama sem ódio, do que, para conseguir a fama de liberal, ser obrigado também a incorrer na de rapace, o que constitui uma infâmia odiosa.[129]

Já no Capítulo XVII, Maquiavel expõe uma das qualidades que considera essencial para que um príncipe se mantenha no poder. Segundo Maquiavel:

> Não deve, portanto, importar ao príncipe a qualificação de cruel para manter os seus súditos unidos e com fé, porque, com raras exceções, é ele mais piedoso do que aqueles que por muita clemência deixam acontecer desordens, das quais podem nascer

---

[127] MOSCA, Gaetano. *op. cit.*, p. 114, e CHEVALLIER, Jean-Jacques. *op. cit.*, p. 35.
[128] MAQUIAVEL, Nicolau. *op. cit.*, Capítulo XV, p. 69.
[129] Ibid., Capítulo XVI, p. 73.

assassínios ou rapinagem. É que estas consequências prejudicam todo um povo, e as execuções que provêm do príncipe ofendem apenas um indivíduo.[130]

Assim, segundo Maquiavel, a crueldade às vezes é um mal necessário para o bem da coletividade. Neste mesmo capítulo, pergunta-se Maquiavel se é melhor ser temido ou amado e ele mesmo responde, afirmando que o ideal seria a combinação das duas coisas. Entende, porém, Maquiavel que o príncipe, se não for amado, deve-se fazer temer, evitando, no entanto, acima de tudo, ser odiado.

> Os homens hesitam menos em ofender aos que se fazem amar do que aos que se fazem temer, porque o amor é mantido por um vínculo de obrigação, o qual, devido a serem os homens pérfidos, é rompido sempre que lhes aprouver, ao passo que o temor que se infunde é alimentado pelo receio do castigo, que é um sentimento que não se abandona nunca.[131]

É, contudo, ao Capítulo XVIII, mais do que aos outros, que se deve a má fama de Maquiavel. É, sem dúvida, a parte mais atacada de "O Príncipe". Nele, observe Maquiavel que, não obstante seja louvável o príncipe ser íntegro e manter a sua palavra, a experiência ensina que a astúcia muitas vezes leva a melhores resultados. Segundo Maquiavel, "existem duas formas de se combater: uma, pelas leis, outra, pela força. A primeira é própria do homem; a segunda, dos animais. Como, porém, muitas vezes a primeira não seja suficiente, é preciso recorrer à segunda. Ao príncipe torna-se necessário, porém, saber empregar convenientemente o animal e o homem (...) Por isso, um príncipe prudente não pode nem deve guardar a palavra dada quando isso se lhe torne prejudicial e quando as causas que o determinaram cessem de existir. Se os homens todos fossem bons, este preceito seria mau. Mas, dado que são pér-

---

[130] MAQUIAVEL, Nicolau, *op. cit.*, Capítulo XVII, p. 75.

[131] Ibid., Capítulo XVII, p. 76.

fidos e que não a observariam a teu respeito, também não és obrigado a cumpri-la para com eles".[132]

No entender de Maquiavel, o príncipe prudente deve aparentar ter todas as virtudes, como a piedade, a fé, a lealdade. No entanto, se obrigado pelas circunstâncias e para manter o governo, deve saber tornar-se o contrário. "Todos veem o que tu pareces, mas poucos o que és realmente, e estes poucos não tem a audácia de contrariar a opinião dos que têm por si a majestade do Estado".[133]

No Capítulo XIX, Maquiavel afirma que o príncipe deve evitar aquilo que o torne odioso e desprezível, sendo de suma importância que ele procure construir e manter a sua reputação. Deve o príncipe fazer com que em suas ações se reconheça a grandeza e a coragem, para que ninguém tente enganá-lo. "O príncipe que conseguir formar tal opinião de si adquire grande reputação; e contra quem é reputado dificilmente se conspire e dificilmente é atacado enquanto for tido como excelente e reverenciado pelos seus".[134] Basicamente, segundo Maquiavel, um príncipe deve temer duas ameaças: uma de ordem externa, por parte dos outros Estados, e outra de ordem interna, por parte dos súditos. Contra as ameaças externas bastam as boas armas e os aliados, todavia, contra as conspirações do povo, a única defesa inquebrantável é não ser odiado. "A um príncipe pouco devem importar as conspirações se é amado pelo povo, mas quando este é o seu inimigo e o odeia, deve temer a tudo e a todos".[135]

Maquiavel, no Capítulo XX, trata ainda das fortalezas e da utilidade das diversas ações do príncipe. Para ele, a melhor fortaleza é não ser odiado pelo povo, pois as fortalezas de pedra, por si só, de nada adiantam.

---

[132] Ibid., Capítulo XVIII, p. 79 e 80.
[133] MAQUIAVEL, Nicolau. *op. cit.*, Capítulo XVIII, p. 81.
[134] Ibid., Capítulo XIX, p. 83.
[135] Ibid., p. 85.

Nos três capítulos que se seguem, Maquiavel fala sobre o que convém a um príncipe fazer para ser estimado, lembrando que os grandes feitos o tornam admirado. Refere-se ainda aos ministros do príncipe e ao modo pelo qual se evitam os aduladores.

A fortuna é a preocupação básica de Maquiavel, no penúltimo capítulo de sua obra. A fortuna, ou destino, é, no entender de Maquiavel, a dona da metade das ações humanas, deixando a outra metade a cargo do livre-arbítrio.

Maquiavel, em frase muito inspirada, compara a fortuna "a um desses rios impetuosos que, quando se encolerizam, alagam as planícies, destroem as árvores, os edifícios, arrastam montes de terra de um lugar para outro: tudo foge diante dele, tudo cede ao seu ímpeto sem poder obstar-lhe e, se bem que as coisas se passem assim, não é menos verdade que os homens, quando volta a calma, podem fazer reparos e barragens, de modo que, em outra cheia, aqueles rios correrão por um canal e o seu ímpeto não será tão livre nem tão danoso. Do mesmo modo acontece com a fortuna; o seu poder é manifesto onde não existe resistência organizada, dirigindo ela a sua violência só para onde não se fizeram diques e reparos para contê-la".[136]

O príncipe que deseja alcançar o sucesso não pode, pois, se apoiar somente na fortuna e deixar as coisas seguirem o seu curso sem nada fazer, sob pena de se arruinar. Para ser eficaz nas suas ações, deve ajustar-se às circunstâncias do momento, ditadas pela fortuna. Para Maquiavel, apenas os príncipes arrojados e impetuosos terão êxito em dominar a fortuna, "porque a sorte é mulher e, para dominá-la, é preciso bater nela e contrariá-la... A sorte, como mulher, é sempre amiga dos jovens, porque são menos circunspectos, mais ferozes e com maior audácia a dominam".[137]

---

[136] MAQUIAVEL, Nicolau, *op. cit.*, Capítulo XXV, p. 109.
[137] Ibid., p. 111.

Finalmente, no último capítulo de "O Príncipe", Maquiavel faz uma vibrante "exortação ao príncipe para livrar a Itália das mãos dos bárbaros". Maquiavel não esconde o seu entusiasmo e o seu ardente nacionalismo, em contraste com a frieza calculista do restante da sua obra. Para Maquiavel, era chegado o momento de libertar a Itália do domínio estrangeiro, pois nunca, afirma ele, as coisas estiveram tão propícias para que um príncipe novo assumisse o poder e trouxesse a fama e a prosperidade para o povo. Dirigindo-se aos Médici e, de modo especial, a Lourenço, a quem dedicou "O Príncipe", afirma que a Itália "se ache pronta e disposta para seguir uma bandeira, uma vez que haja quem a levante. E não se vê, atualmente, em quem ela possa esperar mais do que na vossa ilustre casa, a qual, com a fortuna e valor, favorecida por Deus e pela Igreja – a cuja frente está agora –, poderá constituir-se a cabeça desta redenção".[138]

Eis, em suma, do que trata "O Príncipe", de Maquiavel. Impõem-se, no entanto, de antemão, algumas questões fundamentais, com as quais devemos ocupar-nos para penetrarmos, em linhas gerais, no sentido da obra. Qual será o verdadeiro Maquiavel: o dos "Discursos" ou o autor de "O Príncipe"? Quais os objetivos de Maquiavel ao escrever "O Príncipe" e qual o verdadeiro significado da obra? Quais os principais aspectos do pensamento de Maquiavel expressos em "O Príncipe" e qual a sua importância? Basicamente, são estas as questões que pretendemos abordar e que se constituirão no objeto da nossa análise.

Primeiramente, cabe ressaltar que não há diferença entre o Maquiavel que escreveu "O Príncipe" e o que compôs os "Discursos". O autor é o mesmo, e as suas ideias também. Como já foi visto, Maquiavel jamais renunciou, em "O Príncipe", aos seus ideais republicanos. Aliás, da leitura da obra, outra coisa não se

---

[138] MAQUIAVEL, Nicolau. op. cit., Capítulo XXVI, p. 114.

pode concluir, pois, em momento algum, Maquiavel, expressa ou implicitamente, afirma ser a monarquia absoluta a sua forma preferida de governo. Isto nos leva a crer que a razão assiste – ao menos em parte – àqueles que veem em "O Príncipe" um livro de certa forma circunstancial, isto é, escrito para a Itália de seu tempo e no afã de se ver o autor novamente a serviço de sua Florença e em contato com os negócios da política, que tanto o apaixonam.

Como bem ressalta Crossman, Maquiavel era partidário das instituições republicanas, mas percebia, mais do que os seus compatriotas, que nenhum Estado teria condições de prosperar onde a moral havia falhado, a exemplo do que havia ocorrido na Itália de sua época. "Numa época de instituições destruídas, observava que a bondade, o constitucionalismo e a moralidade tradicionais não representam bases suficientes para uma sociedade estável".[139]

Maquiavel, mesmo sendo partidário da república, sabia perfeitamente que somente uma monarquia absoluta, "tendo à testa um príncipe rico de *virtù*, constituía a única solução possível naquele momento de corrupção e anarquia da vida italiana, para unificar a Itália e libertá-la do domínio estrangeiro".[140] Vê, pois, Maquiavel o absolutismo como uma necessidade, e não como um ideal de governo. A monarquia absoluta é de caráter transitório, mas fundamental para aquele momento da vida política italiana. Bastante oportuna é, nesse sentido, a opinião de Carl Friedrich, para quem Maquiavel, nos "Discursos", deixa claro que uma vez cumprida a missão do príncipe de reunir ou restabelecer o Estado, deve ele transformar a sua comunidade reconstituída em uma ordem constitucional o que, segundo Friedrich,

---

[139] CROSSMAN, R. H. S. *Biografia do Estado Moderno*, p. 24.
[140] ESCOREL, Laur, *Introdução ao Pensamento Político de Maquiavel*, p. 70.

explica a admiração que Maquiavel nutria por Sólon, o famoso legislador ateniense.[141]

> Para aquele momento da vida italiana, como de resto para outras situações congêneres, em que o problema político consistia em lançar os fundamentos de um Estado unitário, dar-lhe forma e substância, superando o caos social e a corrupção, eliminando as dissensões, rebeldias locais e o divisionismo debilitador, estendendo o domínio e consolidando o poder centralizador do príncipe, Maquiavel recomendou a adoção de um governo monárquico absoluto e formulou as regras de conduta que, a seu ver, levada em conta a prática política da época, melhor poderiam assegurar a instauração e a defesa da autoridade real.[142]

Segundo o entendimento de Antonio Truyol y Serra, "O Príncipe" trata fundamentalmente do modo pelo qual se conquista e se mantém o poder em situações excepcionais, de aguda crise social e política, ao passo que, nos "Discursos", Maquiavel estabelece os princípios que deveriam vigorar num período de normalidade política. Para Truyol y Serra, "O Príncipe" constitui-se assim numa teoria do despotismo e do absolutismo monárquico, pois o governo de um só, sem que lhe seja imposta qualquer limitação, é o único adequado numa época de decadência dos povos.[143]

Explica-se, assim, conforme nos ensina George Sabine, a perfeita compatibilidade entre o Maquiavel dos "Discursos" e o de "O Príncipe", restando bem claro porque Maquiavel, simultânea e entusiasmadamente, admirava a República Romana e defendia o despotismo. Isso porque Maquiavel se havia convencido de que o problema italiano consistia, basicamente, em se fundar um Estado numa sociedade corrupta e que apenas a monarquia absoluta se poderia mostrar eficaz em tais circunstâncias.[144]

---

[141] FRIEDRICH, Carl J. *Uma Introdução à Teoria Política*, p. 146.

[142] ESCOREL, Lauro. *op. cit.*, p. 70-71.

[143] TRUYOL Y SERRA, Antonio. *História de la Filosofia del Derecho y del Estado*, 2/11.

[144] SABINE, George H. *op. cit.*, p. 336.

Todavia, a importância e o significado de "O Príncipe" não se prendem tão somente a este aspecto. Se, por um lado, podemos afirmar que Maquiavel escreveu "O Príncipe" tendo em vista a situação particular em que se achava a Itália no século XVI, por outro, se encerrássemos aqui a nossa indagação, certamente estaríamos dando à obra uma importância por demais limitada e unilateral, em contraste com a real e justificada repercussão que alcançou no âmbito do pensamento político ocidental. Sem dúvida, "O Príncipe", de Maquiavel, teve uma repercussão infinitamente maior do que o próprio autor sequer pudesse ter imaginado. Por conseguinte, há na obra algo mais do que uma simples exortação ao "Príncipe" para livrar a Itália do domínio estrangeiro, posto que, se a obra teve também um cunho circunstancial, este, certamente, não domina isoladamente. Em que, porém, reside, fundamentalmente, a importância da obra?

Inegavelmente, há um consenso entre os autores no que tange ao realismo utilitarista com que Maquiavel tratava dos assuntos políticos e que, sendo uma das características essenciais do pensamento do ilustre florentino, sem dúvida se evidencia flagrantemente em o "O Príncipe". Esta característica de "O Príncipe" leva Ernst Cassirer a afirmar que a obra é, acima de tudo, um livro essencialmente técnico no qual, segundo ele, não se encontram regras de conduta ética ou moral e que, por conseguinte, não pode ser lido e interpretado sob um ponto de vista moral, mas, sim, meramente técnico.[145]

Conforme observa Truyol y Serra, Maquiavel tinha uma concepção naturalista da política, pois analisa o mundo político como um fenômeno objetivamente dado na realidade e submetido a leis, da mesma forma que ocorre com o mundo da natureza. De fato, Maquiavel extrai da experiência histórica, antiga e atual,

---

[145] CASSIRER, Ernst. *op. cit.*, p. 170.

os exemplos que, segundo ele, deveriam fornecer uma série de proposições e regras gerais do comportamento humano.[146] Sem dúvida, da leitura de "O Príncipe" (mesmo de uma leitura superficial), ressalta flagrantemente o gosto que Maquiavel tinha em lançar mão dos exemplos históricos, porquanto o livro está repleto deles. O próprio Maquiavel deixa bem claro, na dedicatória que faz a Lourenço de Médici, a importância que ele concede à lição da história:

> Desejando eu oferecer a Vossa Magnificência um testemunho qualquer da minha obrigação, não achei, entre os maus cabedais, coisa que me seja mais cara ou que tanto estime quanto o conhecimento das ações dos grandes homens aprendido por uma longa experiência das coisas modernas e uma contínua lição das antigas; as quais, tendo eu, com grande diligência, longamente cogitado, examinando-as, agora mando a Vossa Magnificência, reduzidas a um pequeno volume.[147]

No Capítulo VI de "O Príncipe", encontramos mais uma afirmação de Maquiavel, no que concerne ao valor da experiência histórica. Com efeito, pondera Maquiavel que:

> Não deve causar estranheza a ninguém o fato de eu citar longos exemplos, muitas vezes a respeito dos príncipes e dos Estados, durante a exposição que passo a fazer dos principados absolutamente novos. Os homens trilham quase sempre estradas já percorridas. Um homem prudente deve assim escolher os caminhos já percorridos pelos grandes homens e imitá-los; assim, mesmo que não seja possível seguir fielmente esse caminho, nem pela imitação alcançar totalmente as virtudes dos grandes, sempre se aproveita muita coisa.[148]

Segundo Ernst Cassirer, Maquiavel gostava muito de fazer generalizações ousadas, pois, partindo de apenas alguns exemplos históricos, chegava ele a conclusões de caráter bastante genérico. A concepção que ele tinha do papel da história era muito diferente da

---
[146] TRUYOL Y SERRA, Antonio. *op. cit.*, p. 12 e 13.
[147] MAQUIAVEL, Nicolau. *op. cit.*, p. 9.
[148] Ibid., Capítulo VI, p. 29.

que domina hoje em dia. Ele não se preocupava com os aspectos particulares de uma época histórica, pois procurava descobrir os fatos que se repetem através dos tempos. Acreditava Maquiavel que a História se repete continuamente, o que evidencia claramente a sua concepção universalista da história[149]. Como acertadamente pondera Lauro Escoral,

> a história era para Maquiavel a grande mestra, a fonte mais segura de ensinamentos, pois o que ocorrera no passado tendia inevitavelmente, a seu ver, a repetir-se no presente e no futuro. Todas as coisas do mundo, em todos os tempos, dizia ele, encontram seu paralelo nos tempos amigos. O que resulta do fato de serem elas dirigidas pelos homens, que têm e sempre tiveram as mesmas paixões, de tal modo que necessariamente os efeitos são sempre os mesmos. Tinha Maquiavel, como de resto seus contemporâneos, uma concepção ingênua e dogmática da história, a qual o levava a julgar esta última um repositório de exemplos universalmente válidos, ignorando o caráter particular da experiência histórica.[150]

Nesse sentido, pode-se perfeitamente afirmar que ele, sem sombra de dúvida, era um típico filho de sua época: a Renascença. Conforme assevera Marcílio Marques Moreira, ao retornar aos antigos, para neles buscar a sabedoria, Maquiavel "enquadra-se na atitude que deu à Renascença o seu próprio nome, sobretudo a partir das interpretações de Michelet e Burckhardt: a redescoberta da antiguidade como mito do presente e programa para o futuro".[151]

Não obstante haja quem critique o uso que ele fez da história, a exemplo de Gaetano Mosca e J. R. Hale. Segundo este último, Maquiavel usava os exemplos históricos de forma retórica e arbitrária, chegando até a deformá-los para chegar às conclusões que o interessavam. O fato é que a história exerce na obra dele um papel por demais relevante e é necessário que se tenha em mente a sua concepção de história, típica de sua época,

---

[149] CASSIRER, Ernst. *op. cit.*, p. 143 e 144.
[150] ESCOREL, Lauro. *op. cit.*, p. 73.
[151] MOREIRA, Marcílio Marques. *De Maquiavel a San Tiago*, p. 26.

para que se possa compreender a sua obra e o seu pensamento.

Como já foi aventado, "O Príncipe" é um livro técnico e que, como tal, deve ser encarado. Para Ernst Cassirer, no que é acompanhado por Crossman, "O Príncipe" é o que se poderia chamar de um manual para o governante. Nele Maquiavel não visou ao estabelecimento das regras morais para o bom governo, mas ele limitou-se a registrar os fatos como eles realmente são, dando-nos assim uma análise meramente descritiva das ações políticas. Segundo afirma Cassirer, Maquiavel gosta de comparar a arte do político com a habilidade do médico; diagnosticar a doença, reconhecê-la no momento oportuno é o mais importante para que se esteja em condições de se prevenir contra as suas consequências.[152] De fato, no Capítulo III de "O Príncipe", afirma Maquiavel que:

> Da tísica dizem os médicos que, a princípio, é fácil de curar e difícil de conhecer, mas com o correr dos tempos, se não foi reconhecida e medicada, torna-se fácil de conhecer e difícil de curar. Assim se dá com as coisas do Estado: conhecendo-se os males com antecedência, o que não é dado senão aos homens prudentes, rapidamente são curados: mas quando, por se terem ignorado, se têm deixado aumentar, a ponto de serem conhecidos de todos, não haverá mais remédio àqueles males.[153]

Dessa passagem ressalta flagrantemente o senso prático de Maquiavel e a sua concepção utilitária e naturalista da arte da política. Maquiavel preocupa-se de um modo especial com o sucesso, o êxito da ação política. Esta preocupação é latente na obra toda e, de modo particular, em "O Príncipe". De fato, no Capítulo XV de "O Príncipe", escreve Maquiavel:

> Todavia, como é meu intento escrever coisa útil para os que se interessarem, pareceu-me mais conveniente procurar a verdade pelo efeito das coisas, do que pelo que delas se possa imaginar. E muita

---

[152] CASSIRER, Ernst. *op. cit.*, p. 170 e 171.
[153] MAQUIAVEL, Nicolau. *op. cit.*, Capítulo III, p. 16.

> gente imaginou repúblicas e principados que nunca se viram nem jamais foram reconhecidos como verdadeiros. Vai tanta diferença entre o como se vive, que quem se preocupar com o que se deveria fazer em vez do que se fez aprende antes a ruína própria, do que o modo de se preservar.[154]

A respeito disso, observa Carl Friedrich que existe uma preocupação muito grande com o sucesso, e que essa preocupação leva necessariamente a uma espécie de amor à conveniência. Evidencia-se, pois, em Maquiavel uma racionalidade pragmática no que tange à política. O que importa para ele é que a ação política seja eficaz, pois somente assim será possível manter-se no poder e, em suma, é isso que importa. Para Friedrich, Maquiavel achava que um homem que se mostrasse disposto a morrer por uma causa perdida era um louco que não merecia nenhuma consideração. Essa preocupação sucessiva com o sucesso é uma demonstração de que Maquiavel era insistentemente anticristão[155] De fato, como assevera Truyol y Serra, essa inspiração naturalista, extremamente racional e realista da política de Maquiavel, implica a separação entre a política e a ética. A política torna-se assim uma mera técnica de aquisição e conservação do poder político no Estado.[156]

Eis aqui um dos principais aspectos do pensamento de Maquiavel e que, para nós, é de uma importância fundamental, qual seja o que diz respeito às relações entre a política e a moral e que, certamente, se constitui em um dos pontos mais discutidos do pensamento de Maquiavel.

Na obra de Maquiavel, assistimos a uma completa secularização do pensamento político. Mais do que os seus predecessores (entre eles, Marsílio de Pádua), ele rompeu com a tradição do pensamento filosófico e político vigente durante a Idade Média. Este é, sem dúvida,

---

[154] MAQUIAVEL, Nicolau. *op. cit.*, Capítulo XV, p. 69.

[155] FRIEDRICH, Carl J. *op. cit.*, p. 146 e 147.

[156] TRUYOL Y SERRA, Antonio. *op. cit.*, p. 13.

o aspecto em que, basicamente, reside o significado e a importância do pensamento de Maquiavel, expresso de uma forma marcante, nas páginas de "O Príncipe". Conforme observa Lauro Escorel:

> A filosofia cristã, legada pela Idade Média ao Renascimento, concebia o homem como um ser temporal, de vocação social, dotado, porém, de uma destinação extraterrena, isto é, como um ser que vive naturalmente em sociedade, subordinado à lei positiva, mas que deve, antes de mais nada, obedecer à lei natural, colocada acima da própria autoridade do Estado, e que este não deve contrariar, pois ela emana da própria lei eterna. Se o Estado é soberano em seu domínio, sua soberania não há de ser absoluta, mas subordinada, uma vez que existem valores humanos e espirituais superiores aos valores políticos, de tal modo que o bem comum da cidade temporal se deve subordinar ao supremo fim sobrenatural do homem (...) A moral cristã se apoia, portanto, em uma concepção do bem e do mal; do justo e do injusto, que ao mesmo tempo transcende e preexiste à autoridade do Estado, cuja organização jurídico-política não deve contradizer ou violar as normas éticas fundamentais, implícitas no direito natural.[157]

Esta foi, basicamente, a tradição filosófica que Maquiavel, segundo Escorel, herdou da Idade Média. Ao elaborar o seu pensamento político, ele se divorciou definitivamente dessa tradição, pois se baseou em "coordenadas puramente racionais e naturalistas".[158] Ernst Cassirer compara "O Príncipe" com o "Dialogo Dei due Massimi Sistemi del Mondo", de Galileu, afirmando que, não obstante as duas obras terem sido escritas em épocas diferentes e por duas personalidades totalmente diversas, há, nestas obras, uma linha de pensamento comum e que as torna dois marcos cruciais na história da civilização moderna. Conforme assevera Cassirer, tanto Galileu como Maquiavel deram-nos – e é nisso que reside basicamente a sua originalidade –, o que se poderia chamar de verdadeiras "ciências novas": a dinâmica de Galileu foi a base da nossa moderna ciência

---
[157] ESCOREL, Lauro. op. cit., p. 93 e 94.
[158] Ibid., p. 94.

natural, e o pensamento de Maquiavel, em especial "O "Príncipe", fundamentou um novo tipo de ciência política.[159] Ao passo que, antes de Maquiavel, o estudo do Estado e da sociedade em geral encontrava-se vinculado à moral, não ultrapassando assim os limites de uma mera especulação filosófica, Maquiavel, estudando a experiência histórica e os problemas mais imediatos que se apresentavam, defendia o método de investigação empírica. De fato, Maquiavel preocupa-se essencialmente com a realidade política, de como as coisas efetivamente são, e não como deveriam ser, trilhando assim um caminho novo, diferente do que até então havia sido percorrido no âmbito do pensamento político e filosófico ocidental.

Agora, depois de termos examinado em que, basicamente, consistiu o conteúdo e o significado de "O Príncipe", nada mais nos prende e podemos, de imediato, passar a examinar mais detidamente o problema do Estado em Maquiavel e a sua relação com o surgimento dos modernos Estados nacionais, que passaram a se estabelecer na Europa ocidental. Este, em suma, é o objeto de nosso estudo no quarto e último capítulo do nosso trabalho.

---

[159] CASSIRER, Ernst. *op. cit.*, p. 148.

4. Maquiavel, *O Príncipe* e o Estado Moderno

Tem-se afirmado, a exemplo do que fazem Luciano Gruppi, Antonio Gramsci e Jean-Jacques Chevallier, entre outros, que Maquiavel foi o teórico da formação dos Estados modernos. Conforme assevera Gruppi, somente quando começaram a se formar os Estados na acepção moderna do termo é que surgiu também uma reflexão sobre o Estado e, entende o aludido autor, ter sido Maquiavel o primeiro a refletir sobre estes Estados.[160]

De acordo com o que estudamos até o presente momento, não há como negar a existência de uma relação, seja ela explícita ou implícita, da obra de Maquiavel e de "O Príncipe" em particular, com a formação dos Estados nacionais modernos no âmbito da Europa ocidental. Cabe a nós, no presente capítulo, averiguar a intensidade desta relação e a real importância de Maquiavel no processo de formação dos Estados modernos. Até que ponto Maquiavel foi, de fato, o teórico dos Estados modernos? Para respondermos a essa pergunta temos, porém, de estabelecer o que é o Estado para Maquiavel, qual a verdadeira noção de Estado na obra do florentino. Sabendo o que pensa Maquiavel a respeito do Estado, poderemos, então, analisando as características do Estado moderno, verificar até que ponto este último se enquadra na noção maquiaveliana de Estado

---
[160] GRUPPI, Luciano. *Tudo Começou com Maquiavel*, p. 8.

e se de fato o Estado descrito por Maquiavel é o Estado moderno.

Antes, porém, impõe-se uma breve recapitulação do que até agora foi visto. Como verificamos ao tratarmos da formação do Estado moderno, não havia, durante a Idade Média, o Estado como o conhecemos e concebemos atualmente. Este último se estabeleceu, já com a maioria das características que ainda hoje lhe são essenciais, apenas em fins do século XV e início do século XVI, na Europa ocidental, a exemplo do que aconteceu na Inglaterra, na França e na Espanha.

Formou-se o Estado moderno quando as monarquias europeias tiveram condições de superar a fragmentação do poder público, através da supressão das forças feudais internas e livrando-se das pressões externas, exercidas pelo Império e pela Igreja.

Cabe ressaltar que o Estado moderno nasceu sob a forma de monarquias absolutas e apresentou-se basicamente, em contraste com a organização política medieval, como uma ordem política altamente centralizada. O Estado moderno, e quanto a isso não há mais dúvidas, nasceu como um Estado monárquico, nacional, soberano e secularizado. Com efeito, observa George H. Sabine que a monarquia absoluta e a concepção do soberano como fonte de todo o poder político, transformaram-se, no século XVI, respectivamente, na forma comum de governo e de pensamento político na Europa ocidental.[161]

Nessa época, deram-se várias transformações fundamentais que marcaram a substituição dos valores medievais por novas concepções de vida. As instituições medievais foram sendo derrubadas por toda parte e, com o advento da Idade Média, à época do Renascimento, houve também uma transformação na mentalidade humana. Segundo Mario de la Cueva, houve uma

---

[161] SABINE, Gaorge H. *História das Teorias Políticas*, p. 325.

superação da concepção universalista da Igreja Católica, o que significou a vitória do nominalismo defendido por Rogério Bacon e Guilherme de Occam.

Houve o que se poderia chamar de uma verdadeira revolta da razão contra a dogmática da Igreja que, conforme De la Cueva, privava o homem de sua força dinâmica e criadora: a confiança dos homens na razão e as suas aspirações à liberdade, frente aos poderes religiosos e políticos, abriram o caminho para a concepção individualista da sociedade e do homem. Esta rebeldia manifestou-se de forma bastante decisiva na secularização do poder político e na consequente negação das ambições por parte da Igreja sobre o poder temporal.[162]

Maquiavel não se mostrou cego face a essas transformações. Talvez mais do que qualquer outro de seus contemporâneos, apercebeu-se das mudanças que se estavam processando. No entender de Ernst Cassirer, quando Maquiavel escreveu "O Príncipe", já havia-se alterado o centro de gravidade do mundo político. "Novas forças tinham descido à arena e tinham de ser levadas em conta – forças que eram inteiramente desconhecidas ao sistema medieval. Quando estudamos 'O Príncipe', de Maquiavel, surpreende-nos quanto todo o seu pensamento se encontra concentrado nesse novo fenômeno".[163]

Conforme observa Cassirer, Maquiavel, em "O Príncipe", não se detém nas formas consagradas de governo, pois o seu interesse, evidentemente, está fixado nos novos principados. O próprio escritor florentino deixa isso bem assente no terceiro capítulo de sua obra. No Capítulo VII de "O Príncipe", afirma Maquiavel que, se tivesse de fundar um novo Estado, seguiria o exemplo de César Bórgia, por quem sentia uma admiração especial. Todavia, segundo apropriadamente observa Cassirer, essa admiração não pode ser explicada

---

[162] DE LA CUEVA, Mario. *La Idea del Estado*, p. 57 e 59.
[163] CASSIRER, Ernst. *O Mito do Estado*, p. 151.

por uma mera simpatia pessoal, pois Maquiavel não tinha nenhum motivo para gostar de César Bórgia. Com efeito, o filho de Alexandre VI muito fez no sentido de expandir a autoridade temporal da Igreja, e o seu triunfo fatalmente significaria a ruína de Florença, cidade que Maquiavel tanto amava. Consequentemente, a única explicação aceitável é que "a verdadeira fonte da admiração de Maquiavel não era o próprio homem, mas a estrutura do novo Estado que ele tinha criado. Maquiavel foi o primeiro pensador que compreendeu o real significado dessa nova estrutura política. Tinha assistido à sua origem e previu os seus efeitos. Antecipou no seu pensamento toda a evolução da futura vida política da Europa".[164]

Numa Itália dividida e politicamente frágil, sujeita às invasões e à dominação estrangeira, Maquiavel sabia que apenas um príncipe com poder absoluto poderia reconstruir o Estado. Dessa forma, no dizer de Crossman, Maquiavel preconizava a doutrina de um poder político secularizado, pois, numa sociedade corrupta e decadente, a moralidade tradicional não representava uma base suficientemente sólida para uma sociedade estável. Ele descobriu que o governo que se pretende manter deve necessariamente possuir poder e saber usá-lo, isto é, conhecer as técnicas para usá-lo convenientemente no sentido de sua manutenção. Ao formular uma nova concepção de Estado, ele se apercebeu claramente da situação desesperante em que então se encontrava a Itália.[165]

Não é de causar espanto que o exemplo da França e da Espanha, países que já haviam alcançado uma poderosa unidade estatal e territorial, causou, segundo afirma Gramsci, uma forte impressão sobre Maquiavel. Baseado nesses exemplos, ele deduziu uma série de regras para a construção e manutenção de um Estado

---

[164] CASSIRER, Ernst, *op. cit.*, p. 152.
[165] CROSSMAN, R. H. S., *op. cit.* p. 24 e 25.

forte em geral e italiano em particular. "O Príncipe" tinha por objetivo acabar com a anarquia feudal, a exemplo do que César Bórgia fez na Romanha, conforme consta no Capítulo VII de "O Príncipe".[166]

Diante do exposto, percebe-se já uma lição entre o Estado moderno em formação, na sua monárquica-absolutista, e o pensamento de Maquiavel expresso em "O Príncipe". Maquiavel viu surgirem as monarquias absolutas e percebeu a necessidade de estabelecer um Estado dessa ordem, forte e centralizado, na Itália dividida. É pelos "principados novos" que Maquiavel se sente atraído: um corpo político gerado pela força e por ela mantido, e não pelas formas tradicionais, como é o caso das repúblicas e dos principados eclesiásticos e hereditários.

Embora o autor de "O Príncipe" não tenha formulado nenhuma teoria sobre o Estado, este, como bem lembra Jean Touchard, encontra-se no centro do pensamento de Maquiavel.[167] Como já tivemos oportunidade de observar, Maquiavel proclamou a radical separação entre a política e a moral tradicional, posto que, para ele, a política era autônoma e prioritária. No entender de Jean-Jacques Chevallier, essa autonomia e prioridade da política traduz uma certa ideia de Estado, concebido como um valor absoluto e um fim em si mesmo.[168]

Para que possamos compreender as colocações acima, faz-se necessário, pois, que nos ocupemos em explicar essa ideia de Estado, em Maquiavel.

Francisco Javier Conde, na sua obra "El Saber Político en Maquiavelo", oferece-nos uma explicação muito lúcida e fundamentada da ideia de Estado em Maquiavel. Para tanto, parte ele do conceito de *ordem* em Maquiavel, o qual, segundo ele, é o termo mais usado em

---

[166] GRAMSCI, Antonio. *Maquiavel, a Política e o Estado Moderno*, p. 15.
[167] TOUCHARD, Jean *et al*. *História das Idéias Políticas*, 3/22.
[168] CHEVALLIER, Jean-Jacques. *História do Pensamento Político*, 1/266.

toda a obra do fiorentino. Nesses parâmetros, escreve Conde que, na acepção de Maquiavel, a realidade política é algo essencialmente dinâmico, e a estabilidade significa ordem. Todavia, o termo *ordem* não significa algo estático, parado, mas, sim, algo em movimento. Basicamente, ordem significa unidade: uma realidade é ordenada, está em ordem, quando constitui uma unidade. Para Maquiavel, esta unidade é o produto de um esforço consciente e racional do homem, pressupondo, portanto, a existência de um plano.

Como paradigma para a ordem política, ele se vale da ordem militar. Esta, para ele, é a imagem exemplar de uma ordem em sentido amplo, cuja essência reside fundamentalmente em ser um movimento em ordem, apoiado basicamente na disciplina, a qual, por sua vez, se constitui num hábito externo e interno do homem de estar em ordem.[169]

O problema da "sabedoria política" de Maquiavel é, no dizer de Conde, o de sujeitar o movimento humano coletivo a uma ordem; fazer da "matéria humana coletiva" uma figura perfeita e terminada, mantendo-a num equilíbrio estável e ordenado. Essa figura perfeita e terminada é justamente o Estado, o qual, por definição, é uma ordem estável, um movimento ordenado, orientado em uma só direção. Por ele ser partidário das formas perfeitas, entende que existem apenas dois modos de ordenar politicamente a realidade humana como figura perfeita: o verdadeiro principado e a verdadeira república. As formas intermediárias são, por sua natureza, imperfeitas, pois somente é estável a figura em movimento que segue uma única direção e, sendo inestáveis, as formas intermediárias não são Estados.[170]

O Estado é, pois, algo acabado e bem feito. Uma ordem é perfeita quando nada lhe falta, ou seja, quando tudo foi previsto. Se perfeição significa prever tudo,

---

[169] CONDE, Francisco Javier. *El Saber Político en Maquiavelo*, p. 91 a 95.
[170] Ibid., p. 95 a 96.

percebe-se de imediato a presença do elemento racional ao qual já havíamos aludido ao tecermos considerações sobre a noção de ordem em termos genéricos. A ordem política será algo calculado, uma ordem altamente racional. É aqui que encontramos um dos aspectos essenciais no que tange à ideia de Estado em Maquiavel: o Estado aparece como o resultado de um projeto racional, como algo previsto e calculado, em suma, a "obra de arte" da qual nos fala Jacob Burckhardt. Segundo Conde, assistimos aí ao nascimento do Estado moderno "como uma forma de organização política ultrarracional, com sua tendência ao centralismo racional frente ao direito tradicional e feudal".[171]

Todavia, vale ressaltar que o próprio Francisco Conde afirma ser inútil procurar uma definição de Estado em Maquiavel, pois o termo é utilizado com inúmeras acepções diferentes e até mesmo contraditórias. Acrescente, porém, que a análise cuidadosa desses diversos significados nos mostra que, na sua base, se encontra uma acepção genérica, que é justamente aquela que acabamos de estudar. Observa Conde que a ordem do Estado, em sentido estrito, abrange tudo o que diz respeito à organização e ao exercício do poder político, bem como ao processo de criação das normas jurídicas. Neste sentido, pode-se afirmar que a ordem do Estado em Maquiavel coincide com a ordem do governo.[172]

Conforme já foi visto, Maquiavel, ao conceber a ordem política, baseou-se no exemplo da ordem militar a qual é por ele considerada como sendo o protótipo da boa ordem, porquanto não é possível nenhum movimento ordenado sem ajuda militar. Ele não apenas defende a necessidade de uma milícia nacional, mas vai mais além: introduz ele a ordem militar na ordem política, atribuindo assim ao Estado o monopólio sobre o militar. Sendo uma ordem estável por definição, o

---

[171] CONDE, Francisco Javier, *op. cit.*, p. 96.
[172] Ibid., p. 97.

Estado de Maquiavel tem como objetivo primordial a segurança. Nesse sentido, afirma Conde que o Estado é um sistema organizado de ordens de vida que tem em si mesmo a sua segurança. Todavia, para que possa garantir a sua segurança, o Estado deve ser capaz de reger-se a si mesmo, pois, segundo Conde, apenas aquele que tem em si mesmo a razão de sua segurança é capaz de reger-se por si mesmo.[173]

Deparamo-nos aqui com um dos aspectos essenciais da noção de Estado em Maquiavel: ele deve ser autônomo, e somente é autônomo aquele que tem condições de garantir por si só a sua autonomia. O Estado somente é Estado na medida em que se rege a si mesmo. Em outras palavras, o Estado de Maquiavel não deve depender de nenhuma força, de nenhum poder externo. Este ponto de vista é compartilhado, entre outros, por Lauro Escorel: o Estado de Maquiavel existe apenas na medida em que não depende de qualquer vontade estranha. Nesse sentido, percebe-se que o Estado maquiaveliano não aceita que se imponham limites à sua ação, seja por parte de alguma autoridade externa, seja por parte de grupos que, no plano interno, visam a rebelar-se contra o seu poder ou dele se libertar. Não é, pois, sem razão que Maquiavel, no Capítulo XIX de "O Príncipe", afirma que um príncipe deve ter sempre duas razões de receio: uma de ordem interna, por parte dos súditos, e a outra de ordem externa, por parte dos outros Estados.

Em suma, não se concebem limites ao poder do Estado. No que tange aos objetivos da ordem política do Estado, também para Escorel, o Estado de Maquiavel existe para proteger cada indivíduo e, ao mesmo tempo, para proteger a coletividade dos ataques externos. Neste sentido, confirma-se que a finalidade precípua do Estado é a segurança.[174]

---

[173] CONDE, Francisco Javier. *op. cit.*, p. 97, 98 e 103.
[174] ESCOREL, Lauro. *Introdução ao Pensamento Político de Maquiavel*, p. 80 e 81.

Para que possamos compreender melhor a noção de Estado e dela ter uma visão mais completa, devemos ainda estudar o Estado inserido numa comunidade universal de Estados. Conforme nos ensina Conde, para Maquiavel, a realidade interestatal se apresenta como um imenso pluriverso em perene movimento. Dentro desse pluriverso, cada Estado constitui-se na razão de insegurança para os demais, de modo que a segurança interna do Estado está condicionada ao grau de sua segurança externa. Todavia, por mais paradoxal que possa parecer, essa preocupação com a segurança faz com que o Estado de Maquiavel esteja sempre em guerra, porque a situação natural das relações entre os Estados é dominada pelo medo, pelo ódio e pela ambição. A guerra é para Maquiavel uma situação ordinária, corriqueira, inerente a um mundo dividido em Estados distintos. Para ele, a guerra é o que se poderia chamar de "a verdadeira profissão dos governantes", a exemplo do que observa Jean-Jacques Chevallier.[175]

No Capítulo XIV de "O Príncipe", evidencia-se claramente esta preocupação de Maquiavel com a segurança do Estado. A guerra deve ser encarada como algo iminente, uma constante possibilidade, e por isso somente é seguro um Estado que se organize como se a guerra sempre fosse real. Com efeito, afirma Maquiavel que:

> (...) deve, pois, um príncipe não ter outro objetivo nem outro pensamento, nem ter qualquer outra coisa como prática a não ser a guerra, o seu regulamento e sua disciplina, porque essa é a única arte que se espera de quem comanda. É ela de tanto poder que não só mantém aqueles que nasceram príncipes, mas muitas vezes fez com que cidadãos de condição particular ascendam àquela qualidade. Ao contrário, vê-se que perderam os seus Estados os príncipes que se preocuparam mais com os luxos da vida do que com as armas. A primeira coisa que te fará perder o governo é descurar desta arte e a razão de poderes conquistá-lo é o professá-la

---

[175] CONDE, Francisco Javier. *op. cit.*, p. 103-104, e CHEVALLIER, Jean-Jacques. *op. cit.*, p. 273.

> (...) O estar desarmado te obriga a ser submisso, e isso é uma das infâmias de que um príncipe se deve guardar (...)
>
> Um príncipe deve, pois, não deixar nunca de se preocupar com a arte da guerra e praticá-la na paz ainda mais mesmo que na guerra.[176]

Diante do exposto, podemos perfeitamente afirmar que, para Maquiavel, o Estado significa segurança, e este, poder sempre e a qualquer hora fazer a guerra. E por isso que Maquiavel sustenta a necessidade de uma boa organização militar, uma milícia nacional, na qual se funda a força do Estado. O Estado se encontra sempre em perigo, no plano externo, pela ameaça expansionista dos demais Estados, o que põe em constante perigo a sua existência e autonomia. Não é, pois, destituído de razão que Lauro Escorel afirma que:

> (...) a lei reguladora das relações entre os Estados é a luta, a competição, o choque de interesses e ambições rivais, de tal modo que cada Estado deve estar sempre adequadamente preparado para defender-se da absorção ou aniquilamento por parte de seus vizinhos. Ser-lhe-á inútil pretender isolar-se, manter-se alheio ao jogo político, renunciar a objetivos de engrandecimento e conquistar, na esperança de viver em paz dentro de suas fronteiras: será fatalmente arrastado, mais cedo ou mais tarde, a participar da competição pelo poder, pois seus propósitos de paz não serão necessariamente respeitados pela cupidez e agressividade de outros Estados menos pacíficos. Se não se armar para enfrentar a eventualidade de um ataque a seus domínios, estará abdicando do seu próprio direito a existir.[177]

Em face desses aspectos, pode-se depreender que o autor de "O Príncipe" defende a necessidade de um Estado forte e organizado. Isso, porém, somente será possível se for o Estado dotado de uma boa organização militar, uma milícia nacional, porquanto só é verdadeiramente livre o Estado que dispõe dos meios para garantir a sua liberdade.[178] Evidencia-se aqui claramente

---

[176] MAQUIAVEL, Nicolau. *O Príncipe*, Capítulo XIV, p. 65.
[177] ESCOREL. Lauro. *op. cit.*, p. 83.
[178] Ibid., p. 85.

a noção de soberania que, algumas décadas após a morte de Maquiavel, seria desenvolvida teoricamente por Jean Bodin na sua famosa obra "Les Six Livres de la République", aparecida em 1576. O Estado de Maquiavel é autônomo e independente e, para garantir a sua independência, necessita estar sempre preparado para fazer a guerra, que é a situação normal nas relações entre os Estados.

No que tange à guerra, Francisco Conde afirma que o Estado maquiavélico faz a guerra por necessidade imanente. A necessidade, e não a justiça, é que domina o pluriverso de Estados, observando-se também quanto a este aspecto a ruptura com a tradição medieval. Maquiavel não se pergunta se a guerra é justa ou injusta, pois somente a necessidade é a medida da justiça. É a segurança do Estado que define o que é ou não justo e injusto.

> Dentro do pluriverso maquiavélico, dominado pela necessidade, não há lugar para a justiça. Pelo menos, o lugar é mínimo. As sutis distinções da tradição agostiniana e escolástica sobre a justiça e a injustiça da guerra caem totalmente fora das preocupações de Maquiavel. A ruptura com a tradição é patente.[179]

De fato, no último capítulo de "O Príncipe", Maquiavel deixa isso bem claro, afirmando que "justa, na verdade, é a guerra, quando necessária, e piedosas as armas, quando só nas armas reside a esperança".[180] Nessa frase transparece de forma cristalina o caráter utilitário da moral expressa em "O Príncipe" e no resto de sua obra. Como já foi visto no capítulo anterior, com Maquiavel, a política seculariza-se de vez, pois, como político realista que era, não podia ele mais aceitar os padrões tradicionais do pensamento escolástico.

No que tange ao Estado, tal fenômeno se faz ainda mais presente. Também o Estado, a ordem política se seculariza e a compreensão disso é essencial para

---
[179] CONDE, Francisco Javier. *op. cit.*, p. 106.
[180] MAQUIAVEL, Nicolau. *op. cit.*, Capítulo XXVI, p. 114.

apreendermos a noção de Estado em Maquiavel e a sua relação com o Estado moderno em formação.

O Estado, o "principado novo" que Maquiavel descreve em "O Príncipe", é um Estado forte, independente e autônomo; sempre preparado para defender a sua soberania. Não podia assim Maquiavel aceitar a intervenção da Igreja no Estado, pois, em se permitindo isso, estaria limitando a autoridade estatal, e isso era inconcebível. Sob esse aspecto, a razão assiste a Crossman que, ao analisar a filosofia presente na mensagem de "O Príncipe", chega à conclusão de que um dos princípios básicos nele expressos é o de que em todos os Estados existe um poder supremo: o soberano. Sustentando que o Papado era a principal causa da fraqueza italiana, porque o Papa não era forte o suficiente para submeter todos os Estados italianos ao seu domínio, mas mesmo assim ainda era suficientemente forte para impedir que algum outro o fizesse. Maquiavel, nos "Discursos", observa que jamais houve nem haverá um país próspero e unido se ele não se submeter à obediência de um único governante, seja através da República ou do Principado, a exemplo do que ocorreu na França e na Espanha.

Sendo assim, percebe-se que nenhum poder espiritual deveria rivalizar com o poder do Estado. De acordo com Crossman, isto destruiu a velha ordem mundial: a Igreja e os Imperadores continuaram existindo, mas eram instituições que se deveriam adaptar aos novos Estados nacionais.[181]

Com muita propriedade, ressalta Cassirer que, até a época de Maquiavel (e mesmo a época dele), a origem divina do Estado era algo geralmente reconhecido. Maquiavel não atacou diretamente este princípio, mas simplesmente ignorou-o completamente. Isso se explica pelo fato de que, falando a partir de sua experiência, ele percebeu que o poder político de

---

[181] CROSSMAN, R. H. S. *op. cit.*, p. 25-26 e ESCOREL, Lauro. *op. cit.*, p. 91, e SABINE, George H. *op. cit.*, p. 300.

fato é tudo, menos divino. Dessa maneira, Maquiavel abandonou definitivamente toda a base do sistema político medieval.[182]

No Capítulo XV de "O Príncipe", Maquiavel ataca a idealização de repúblicas e principados que nunca existiram e que nunca poderão existir. Percebe-se assim que ele era um adversário das utopias políticas, que se desvinculavam da realidade efetiva das coisas. Todavia, segundo Cassirer, apesar de ter erradicado de sua teoria todas as ideias e ideais teocráticos do passado, jamais tentou separar a política da religião. Maquiavel não era contra a religião em si, pelo contrário, via nela algo necessário à vida social do homem, um fator de educação espiritual e política. Para ele, a religião encontra-se, porém, a serviço da política, interessando apenas na medida em que concorre para a conservação e grandeza do Estado.

A respeito disso, observa Lauro Escorel que, enquanto na Idade Média a política estava subordinada à religião, e o Estado, à Igreja, com Maquiavel a religião passa a ser encarada como algo útil para o Estado, não um limite a ação do Estado, mas um instrumento da mesma.[183]

Assim, justifica-se plenamente o ponto de vista de Jean-Jacques Chevallier, o qual, citando A. Koyré, afirma que:

> Com Nicolau Maquiavel, estamos de fato num mundo completamente diverso. A Idade Média está morta; mais do que isso, é como se ela nunca tivesse existido. Todos os seus problemas: Deus, salvação, ligações entre o lá em cima e o cá em baixo, justiça, fundamento divino do poder, nada disso tudo existe para Maquiavel. Há uma única realidade, a do Estado, um único fato, o do poder. E um problema: como se afirma e se conserve o poder do Estado. (...). O imoralismo de Maquiavel é simplesmente lógica. Do ponto de vista em que ele se colocou, a religião e a moral são apenas fatores

---

[182] CASSIRER, Ernst, *op. cit.*, p. 153 e 154.

[183] Ibid., p. 154 a 156; ESCOREL, Lauro. *op. cit.*, p. 90 e 91.

sociais. São fatos que é necessário saber utilizar, com os quais é preciso contar. É só.[184]

Diante disso, percebe-se que a religião ficou esvaziada de seus valores espirituais. Ela serve apenas como um instrumento do poder do Estado e é aqui que, segundo Cassirer, foi dado o passo definitivo. "O processo de secularização atingiu a fase final; porque o Estado secular existe não somente de fato, mas também de *jure*; encontrou a sua definida legitimação teórica".[185] Com efeito, o Estado libertou-se de todos os laços que o prendiam às forças tradicionais e com isto alcançou a sua completa independência. Já não há mais limites ao poder do Estado, este deve sustentar-se na sua própria força e poder, único meio de atingir o seu objetivo, a sua conservação e segurança.

---

[184] KOYRÉ, A. citado por CHEVALLIER, Jean-Jacques. *op. cit.*, p. 275.
[185] CASSIRER, Ernst *op. cit.*, p. 156.

Conclusão

O nosso objetivo fundamental, neste trabalho, foi o de estabelecer uma relação entre a formação do Estado moderno e o pensamento de Maquiavel, de modo especial, em "O Príncipe".

O Estado moderno, na sua forma monárquico-absolutista inicial, estabeleceu-se no mapa político da Europa ocidental como algo completamente novo, diferente das formas de organização política existentes até então. Isso se explica na medida em que as características fundamentais desse novo Estado deram à própria palavra *Estado* um conteúdo novo, um significado completamente diverso que com aquelas passou a ser identificada.

Há que se considerar ainda que, basicamente, o Estado moderno foi o resultado da centralização do poder através da superação da atomização medieval do poder. Isso se deu tendo como pano de fundo toda uma conjuntura em transformação, caracterizada pela substituição dos padrões medievais por padrões modernos de vida. Nesse sentido, o Estado moderno é verdadeiramente novo, na medida em que se estabeleceu no contexto dessas transformações que, por sua vez, caracterizaram o nascimento da Idade Moderna como período histórico.

Nesta fase dos acontecimentos, o Estado moderno identifica-se como um Estado nacional, territorial, monárquico, politicamente centralizado e soberano de acordo com a caracterização traçada por Mario de la Cueva. É precisamente este que tornou o objeto da atenção e das considerações de Maquiavel e, por conseguinte, do nosso trabalho.

Na esfera do pensamento político, Maquiavel foi quem melhor se apercebeu das mudanças que se estavam processando, conscientizando-se da real importância dessa nova estrutura política. Até Maquiavel, ninguém realmente ousou e conseguiu efetivamente superar os dogmas estabelecidos pela Igreja Católica.

Apesar de os escolásticos, a exemplo de São Tomás de Aquino, concederem já uma maior autonomia ao Estado, ainda o consideravam subordinado à Igreja. Por sua vez, a gradativa secularização da mentalidade era algo que não mais podia ser detido no final da Idade Média e, se em autores como Marsílio de Pádua encontramos já a concepção da total independência do poder temporal em relação à Igreja, por outro lado, ainda se reconhecia como assente a origem divina de ambos os poderes: o temporal e o espiritual.

De fato, ainda era muito cedo. Foi apenas em fins do século XV que assistimos ao estabelecimento efetivo e definitivo do Estado moderno na Europa. Só então é que se tornou possível uma reflexão mais profunda sobre este Estado, e Maquiavel foi quem, neste sentido, tomou a iniciativa.

O Estado moderno já existia, pois, antes de Maquiavel. Um dos exemplos mais significativos e que bem ilustra esse fato foi o fundado por Frederico II no sul da Itália, em meados do século XIII e que, a toda evidência, era uma monarquia absoluta no sentido moderno: emancipada de toda a influência por parte da Igreja. Este fato, todavia, ainda não havia encontrado uma expressão e justificação teóricas, o que só viria a achar em "O Príncipe", de Maquiavel, cerca de três séculos mais tarde.[186]

---

[186] CASSIRER, Ernst. *O Mito do Estado*, p. 154 e·155.

Com efeito, as máximas, expressas em "O Príncipe", romperam definitivamente com a tradição político-filosófica vigente até então. No mundo da política em que o Estado é a ordem perfeita, não há mais lugar para considerações de caráter ético-moralista. Forte, secularizado, monárquico e soberano, o Estado subentendido na obra de Maquiavel é o moderno na sua forma monárquico-absolutista por excelência.

Mais do que qualquer outro pensador político, Maquiavel criou o significado que até hoje vem sendo atribuído ao termo *Estado*. Conforme observa George Sabine, "o Estado, como força organizada, soberano em seu território e perseguidor de uma política consciente de engrandecimento nas suas relações com outros Estados, tornou-se não apenas uma característica instituição política recente mas, por expansão, o mais poderoso instituto da sociedade moderna".[187]

Maquiavel viu nascer o Estado moderno e justificou-o na sua obra, de modo que, nesse sentido, nada mais justo do que reconhecê-lo efetivamente como sendo o primeiro teórico dos Estados modernos. A importância de Maquiavel e de "O Príncipe" não se limita, porém, tão somente a este aspecto no que tange ao Estado. De certa forma, Maquiavel apreendeu a tendência da evolução política, e hoje, mais do que nunca, a sua teoria se mostra vitoriosa. Apesar de já terem sido tão educados, Maquiavel e "O Príncipe" constituem-se num permanente desafio para aqueles que se ocupam dos problemas do Estado e da política.

---

[187] SABINE, George H. *História das Teorias Políticas*, p. 344.

Bibliografia

ABBAGNANO, Nicola. *Dicionário de Filosofia*. São Paulo: Mestre Jou, 1970.

ARRUDA, José Jobson de Andrade. *História Antiga e Medieval*. 4ª ed., São Paulo: Ática, 1981.

BATH, Sérgio et al. *Maquiavel*, um seminário na Universidade de Brasília, Brasília: Ed. Universidade de Brasília, 1981.

BERLIN, Isaiah. *O Problema de Maquiavel*, textos de aula, Universidade de Brasília.

BRIERLY, J. L *Direito Internacional*. 4ª ed. Lisboa: Calouste Gulbenkian, 1979.

BURCKHARDT, Jacob. *Die Kultur der Renaissance in Italien*. Köln: Atlas – Verlag, p. 400.

——. *O Estado Como Obra de Arte*. São Paulo: Companhia das Letras, 2012 (originalmente publicado como capítulo da obra Cultura do Renascimento na Itália).

BURDEAU, Georges. *L'État*. Paris: Éditions du Seuil, 1970.

CASSIRER, Ernst. *O Mito do Estado*. Rio de Janeiro: Zahar, 1976.

CHEVALLIER, Jean-Jacques. *História do Pensamento Político*. Rio de Janeiro: Zahar, 1982.

——. *As Grandes Obras Políticas de Maquiavel a Nossos Dias*. 3ª ed., Rio de Janeiro: Agir, 1980.

CONDE, Francisco Javier. *El Saber Político en Maquiavelo*. Madrid: Biblioteca de la Revista de Occidente, 1976.

CROSSMAN, R. H. S. *Biografia do Estado Moderno*. São Paulo: Ciências Humanas, 1980.

DALLARI, Dalmo de Abreu. *Elementos de Teoria Geral do Estado*. 5ª ed., São Paulo: Saraiva, 1979.

DE LA CUEVA, Mario. *La Idea del Estado*. México: UNAM, 1975, p.414.

DEL VECCHIO, Giorgio. *Lições de Filosofia do Direito*. 5ª ed., Coimbra: Armênio Amado, 1979.

DOWNS, Robert Bingham. *Livros que Revolucionaram o Mundo*. Porto Alegre, Globo, 1977.

DUVERNOY, J. F. *Para Conhecer o Pensamento de Maquiavel*. Porto Alegre: L&PM, 1984.

ESCOREL, Lauro. *Introdução ao Pensamento Político de Maquiavel*. Brasília: Editora Universidade de Brasília, 1979.

FRIEDRICH, Carl J. *Die Philosophie des Rechts in Historischer Perspektive*. Berlin: Springer-Verlag, 1955.

——. *Uma Introdução à Teoria Política*. Rio de Janeiro: Zahar, 1970.
FROMM, Erich. *O Medo à Liberdade*. 12ª ed., Rio de Janeiro: Zahar, 1980.
FUKUYAMA, Francis. *As Origens da Ordem Política*. Dos tempos pré-humanos até a Revolução Francesa, Trad. Nivaldo Mantingelli Jr., Rio de Janeiro: ROCCO, 2011.
GANSHOF, François L. *El Feudalismo*. 3ª ed., Barcelona: Ariel, 1975.
GETTEL, Raymond G. *História das Idéias Políticas*. Rio de Janeiro Alba, 1941.
GRAMSCI, Antonio. *Maquiavel, a Política e o Estado Moderno*. 4ª ed. Rio de Janeiro: Civilização Brasileira, 1980.
GRUPPI, Luciano. *Tudo Começou com Maquiavel*. 4ª ed. Porto Alegre: L&PM, 1983.
HALE, J. R. *Maquiavel e a Itália da Renascença*. Rio de Janeiro: Zahar, 1963.
HELLER, Hermann. *Teoria do Estado*. São Paulo: Mestre Jou, 1968.
JELLINEK, Georg. *Teoria General del Estado*. Buenos Aires: Albatros, 1973.
MAC IVER, R. M. *O Estado*. São Paulo: Martins Fontes, 1945, p. 346.
MAQUIAVEL, Nicolau. *O Príncipe e Escritos Políticos*. São Paulo: Abril Cultural: "Os Pensadores", 1973.
MAYER, J. P. *Trayectoria del Pensamiento Político*. México: Fondo de Cultura Econômica, 1976.
MOSCA, Gaetano. *História das Doutrinas Políticas*. 2ª ed., Rio de Janeiro: Zahar, 1962.
MOUNIN, Georges. *Machiavel*. Paris: Éditions du Seuil, 1958.
MOREIRA, Marcílio Marques. *De Maquiavel a San Tiago*. Brasília: Editora Universidade de Brasília, 1981.
NATZMER, Gert von. *Weisheit der Welt*. Berlin: Deutsche Buch-Gemeinschaft, 1955.
NETO, Silveira. *Teoria do Estado*. 4ª ed., São Paulo: Max Limonad, 1971.
PADOVANI, Humberto; CASTAGNOLA, Luís. *História da Filosofia*. 6ª ed., São Paulo: Melhoramentos, 1964.
PERNOUD, Régine. *Idade Média*: O Que não nos Ensinaram. Rio de Janeiro: Agir, 1979, p. 134.
POGGI, Gianfranco. *A Evolução do Estado Moderno*. Rio de Janeiro: Zahar, 1981.
POKROVSKI, V. S. Dir. *História das Ideologias: do Esclavagismo ao Feudalismo*. 4ª ed., Lisboa: Estampa, 1977.
POULANTZAS, Nicos. *Poder Político e Classes Sociais*. São Paulo: Martins Fontes, 1977.
RUSSEL, Bertrand. *História da Filosofia Ocidental*, 4ª ed., Brasília: Editora Universidade de Brasília; São Paulo: Companhia Editora Nacional, 1982, vol. 3.
SABINE, Georg H. *História das Teorias Políticas*. Rio de Janeiro: Fundo de Cultura, 1964, vol. 2.
SALDANHA, Nelson. *Sociologia do Direito*. 2ª ed., São Paulo: Revista dos Tribunais, 1980.
SCHILLING, Kurt. *História das Idéias Sociais*. 2ª ed., Rio de Janeiro: Zahar, 1974.
SICHEL, Edith. *O Renascimento*. 3ª ed., Rio de Janeiro: Zahar, 1977.

SKINNER, Quentin. *Macchiavelli A Very Short Introduction*. Oxford: Oxford University Press, 2000.

TOUCHARD, Jean. *História das Idéias Políticas*. Lisboa: Publicações Europa-América, 1970, 3/142.

TRUYOL Y SERRA, Antonio. *História do la Filosofia del Derecho y del Estado*. Madrid: Biblioteca de la Revista de Occidente, 1975, vol. 2.

UNISINOS. *Coletânea de Textos Históricos*, 1974.

WOLKMER, Antonio Carlos. "Ensaio Histórico sobre o Jusnaturalismo", *Revista Estudos Jurídicos*, São Leopoldo, (23):69-180, 1978.

—— (org.). O Pensamento Político Medieval: Santo Agostinho e Santo Tomás de Aquino. In: *Introdução à História do Pensamento Político*. Rio de Janeiro: Renovar, 2003.

Impressão:
Evangraf
Rua Waldomiro Schapke, 77 - POA/RS
Fone: (51) 3336.2466 - (51) 3336.0422
E-mail: evangraf.adm@terra.com.br